Véronique Witzigmann

Rettet die Tafelrunde!

Véronique Witzigmann

Rettet die Tafelrunde!

Warum es so wichtig ist,
dass Eltern und Kinder an einem Tisch sitzen

♡lichst

LUDWIG

FSC
Mix
Produktgruppe aus vorbildlich bewirtschafteten Wäldern und anderen kontrollierten Herkünften
Zert.-Nr. GFA-COC-001262
www.fsc.org
© 1996 Forest Stewardship Council

Verlagsgruppe Random House FSC-DEU-0100
Das für dieses Buch verwendete
FSC-zertifizierte Papier *EOS*
liefert Salzer, St. Pölten.

Redaktion: Dunja Reulein, München

Umschlaggestaltung: Eisele Grafikdesign, Müchen
Satz: Leingärtner, Nabburg
Druck und Bindung: Pustet, Regensburg
Printed in Germany 2009
ISBN 978-3-453-16475-8

www.ludwig-verlag.de

Für Maximilian-Jakob, meinen Bruder

Inhalt

Vorwort

Wenn ich an meine Kindheit denke, habe ich den Geschmack von unverwechselbaren Köstlichkeiten auf der Zunge, die meine Mutter mit viel Liebe und Fantasie kochte: ihr sagenhaftes Gulasch, ihren duftenden Gugelhupf, ihre unnachahmlichen Bratkartoffeln. Jeden Tag kochte sie für die ganze Familie, abwechslungsreich, genussvoll und mit Freude.

Die meisten Kinder heute haben leider nicht so viel Glück. Zum Frühstück bekommen sie gezuckerte Cornflakes, als Pausenbrot einen Schokoriegel, mittags ein Stück Kuchen vom Bäcker, und zum Abendessen gibt es Tiefkühlpizza. Innerhalb von nur zwei Generationen ging eine Esskultur verloren, mit der nicht nur der Genuss verschwunden ist, sondern noch viel mehr: kreative Küche, gesunde Ernährung und feste Mahlzeiten im Kreis der Familie. Für mich war es noch völlig selbstverständlich, dass sich die Familie für die Mahlzeiten um den Tisch versammelte. Kochen und Essen waren ein fester Bestandteil des Familienlebens, etwas, was uns verband.

Aber in den heutigen Familien fehlt es nicht nur am Bewusstsein für richtiges Essen, sondern manchmal auch schlicht am Geld. Einer Studie des Deutschen Instituts für Wirtschaft (DIW) zufolge geht fast die Hälfte der Schulkinder aus ärmeren Familien morgens ohne Frühstück in die

Schule. In Berliner Ganztagsschulen nimmt die Mehrzahl der Kinder nicht am gemeinsamen Mittagessen teil, weil die Eltern nicht willens oder in der Lage sind, dafür 40 Euro im Monat zu zahlen. Da bleibt vermutlich nur die Imbissbude oder das Süßigkeitenregal, an dem sich die Kleinsten versorgen.

Wir leben in einem der reichsten Länder der Erde. Hungern muss niemand. Und doch erleben wir einen Trend zur Fehlernährung, der mittlerweile zu alarmierenden Gesundheitsproblemen führt: Übergewicht, Jugenddiabetes, Kreislaufprobleme. »Moby Dicks« nennt man diese schwergewichtigen Kinder, die sich buchstäblich krank essen.

Seit Längerem engagiere ich mich in der weltweiten Slow-Food-Bewegung. Denn gutes Essen ist kein entbehrlicher Luxus, es ist die Basis für ein gesundes Leben. Ich plädiere für die Wiederentdeckung des Kochens in der Familie, für Kochen und Essen als soziales Erlebnis, für die Freude am Selbstgekochten, das wieder an die Stelle zu fetter, zu süßer und zu stark gesalzener Fertignahrung tritt. Auch die Politik ist gefragt: Wir brauchen einen umfassenden Bewusstseinswandel, Information, Aufklärung und ein qualitativ hochwertiges und bezahlbares Essen in den Schulen.

Noch ist es nicht zu spät. Wir alle tun gut daran, den Kindern eine Esskultur zu vermitteln, die über Jahrhunderte entwickelt und verfeinert wurde. Das ist weniger eine Frage des Geldes als eine Frage des guten Willens. Ein Apfel kostet nicht mehr als eine Tafel Schokolade, eine selbst gemachte Nudelsuppe ist nicht teurer als ein Fast-Food-Menü. Was wir investieren müssen, ist Zeit, Liebe und Geduld. Jeder Einzelne ist gefragt, nicht nur die Politiker. Kinder lernen das Essverhalten von den Erwachsenen – wenn wir uns von Pommes und Bratwurst ernähren, müssen wir uns nicht wundern, wenn sie uns nachahmen. Statt also das nächste Wochenende mit der Chipstüte vor dem Fernseher zu verbringen, gehen Sie mit Ihren Kindern auf einen Wochenmarkt und verwandeln Sie anschließend die Küche in eine kreative Erlebniszone. Das ist eine Investition in die Zukunft, und nicht zuletzt machen Sie Ihre Kinder zu glücklicheren Menschen.

Ich bin besonders stolz, dass meine Tochter Véronique mit diesem Buch meine Fackel weiterträgt und dieses Feuer hoffentlich an die kommende Generation in Form meiner Enkeltochter Marietta erfolgreich weitergeben kann. Als alleinerziehende, berufstätige Mutter hat sie es heute natürlich viel schwerer als ihre Großmutter. Die Zeit ist knapp, der Alltag ist eine Herausforderung geworden. Und dennoch hat sie begriffen, worum es geht. Denn in Wahrheit ist richtiges Essen vor allem eine Frage des Bewusstseins. Ganz egal, ob sie mit ihrer Tochter einen Risotto kocht oder eine ihrer herrlichen Marmeladen zaubert – immer steht das gemeinsame Erlebnis im Vordergrund.

Nichts anderes war mir wichtiger, als meinen beiden Kindern diese Einstellung zu vermitteln. Und wer weiß, vielleicht überrascht demnächst auch Ihr Sprössling Sie in Zukunft sonntags mit einem selbst gemachten Kaffee im Bett. Genauso wie damals meine kleine Véronique. Sie nahm zwar viel zu viel Kaffeepulver, sodass der Löffel von alleine senkrecht in der Tasse stecken blieb. Aber trotzdem war es für mich der beste Kaffee der Welt, und ich fühlte mich den ganzen Tag stark wie Arnold Schwarzenegger in seinen besten Zeiten.

In kulinarischer Verbundenheit

Warum dieses Buch?

Heutzutage verbringen Familien immer weniger Zeit miteinander. Wir Eltern sind beruflich viel unterwegs, und der Zeitplan unserer Kinder zwischen Schule, Musikunterricht, Sport und diversen anderen Aktivitäten lässt kaum Spielraum zu. Dabei sprechen immerhin 83 Prozent aller Deutschen – einer aktuellen, repräsentativen Umfrage zufolge – der Familienmahlzeit einen hohen Stellenwert zu. Dennoch schafft es nur ein Drittel, diese Erkenntnis auch in die Tat umzusetzen.

Auch ich erliege in »Notfällen« der Versuchung, mal schnell eine Fertigpizza in den Ofen zu schieben. Viel lieber aber nehme ich mir Zeit. Es gehört doch zu den schönsten Dingen der Welt, eine gesunde, selbst gemachte Mahlzeit auf den Tisch zu stellen und diese mit nahestehenden Menschen zu genießen.

Mir geht es in diesem Buch darum, unserer schnelllebigen Gesellschaft zu zeigen, dass sich bewusste Ernährung in mehrfacher Hinsicht lohnt. Essen ist für mich weit mehr als reine Nahrungsaufnahme, von Kindheit an. Als Tochter von Deutschlands erstem Drei-Sterne-Koch hatte dieses Thema für mich schon immer einen ganz besonderen Stellenwert. Als Kind habe ich nicht immer verstanden, warum in unserer Familie so ein Tamtam darum gemacht wurde. Heute bin ich meinen Eltern mehr als dankbar dafür. Sie haben uns beigebracht, wie wichtig gelebte Tischkultur ist. Sie ist die Basis für ein harmonisches Familienleben und Grundvoraussetzung für funktionierende Kommunikation.

Meine Eltern waren zwangsläufig Workaholics, und meine Mutter war als Managerin des Restaurants *Aubergine* Vorläuferin dessen, was wir heute gemeinhin als »hard working mom« bezeichnen. Sicherlich hat sie sich gewünscht, mehr Zeit für mich und meinen Bruder zu haben. Doch die Verantwortung im Berufsleben ließ eben nicht mehr zu. Umso wichtiger war es ihr, dass unsere Familie wenigstens am Sonntag zusammen frühstückte und gemeinsam an einem liebevoll gedeckten Tisch zu Abend aß. Wenn ich heute an die ofenfrischen Croissants denke, die wir morgens dick bestrichen mit Aprikosenmarmelade gegessen haben, überkommt mich ein wohlig warmer Schauer. Dass der Hörnchenteig ausnahmsweise ein Fertigprodukt war, spielte weder für unseren anspruchsvollen Vater noch für uns Kinder eine Rolle. Entscheidend war das Ritual. Der Sonntag war unseren Eltern heilig und gab meinem Bruder und mir gleichzeitig Halt und das Gefühl von Geborgenheit. Er war eine Insel des Glücks.

Nehmen Sie sich die Zeit, bewusst miteinander zu kochen und zu essen. Nutzen Sie die Chance, das Angenehme mit dem Nützlichen zu verbinden. Regelmäßiges Essen bietet uns allen die unbezahlbare Gelegenheit, eine sichere Basis für eine gesunde Familie zu bilden. Nicht umsonst heißt es: Liebe geht durch den Magen. Um nichts in der Welt möchte ich die vielen, vielen gemeinsamen Frühstücke beziehungsweise Abendessen mit meiner Tochter missen. Dadurch haben wir die Möglichkeit, uns auszutauschen, und tun unserem Körper dabei gleichzeitig auch noch etwas Gutes. Trotz völlig normaler Reibereien können wir uns eine »Super Nanny« somit Gott sei Dank sparen.

Binden Sie Ihre Familie aktiv ins Kochgeschehen mit ein – das beginnt schon beim Einkauf! – und trauen Sie sich ruhig öfter, mit Ihren Kindern in ein Lokal zu gehen. Muss ja kein hochdekoriertes Sterne-Restaurant sein. Egal, ob zu Hause oder im Restaurant – Sie werden erstaunt sein, wie viel Spaß Ihnen und Ihren Lieben das gemeinsame Esserlebnis machen wird und welche Verbindung dadurch zwischen Ihnen entsteht. Außerdem ist Essen auch immer ein kulturelles Hochereignis. Mein Bruder und ich haben die kulinarischen Ausflüge und die damit verbundenen Gespräche mit anderen Erwachsenen geliebt. Langweilig war uns dabei nie.

Wenn wir unseren Kindern jetzt nicht beibringen, was Tischkultur bedeutet, verpassen wir über Generationen hinweg eine großartige Möglichkeit für unsere Gesellschaft. Wer, wenn nicht wir, soll unseren Nachkommen beibringen, welch magische Kraft in gemeinsamen Esserlebnissen steckt? Aber Vorsicht! Wir Eltern haben eine wichtige Vorbildfunktion, und unsere Kinder durchschauen uns gnadenlos. Damit will ich sagen: Nehmen Sie sich und Ihre Kinder ernst und leben Sie ihnen Tischkultur vor.

Und vergessen Sie nicht: Eltern, die nicht jeden Tag mit der Familie essen, sind noch lange keine Rabeneltern. Dem täglichen Stress schnellen lustlosen Essens sind wenige ausgewählte, kulinarische Höhepunkte in der Woche, die mit Genuss und Freude begangen werden, unbedingt vorzuziehen. Ihnen aus meinen persönlichen Erfahrungen

Anregungen für Familienmahlzeiten zu geben, die Ihnen lange in warmer und fröhlicher Erinnerung bleiben sollen, ist mir ein echtes Anliegen.

♡-lichst
Véronique Witzigmann

Der moderne Familientisch

In den letzten Jahrzehnten hat sich das Familienleben in unserer Gesellschaft stark gewandelt. Früher war der Familienvater meist der Alleinverdiener, während die Frau zu Hause für Kinder und Haushalt sorgte. Mittags gab es für die Kinder gemeinsam mit der Mutter eine warme Mahlzeit, abends und am Wochenende aßen alle zusammen.

In unserer Familie war es nicht anders: Wir wurden mit ganz normaler Küche groß. Unser Familiensternekoch, mein Vater, war täglich außer Sonntag und Montag von morgens bis abends im Restaurant. Viel Zeit für ein geregeltes Familienleben bietet der Tagesablauf eines Kochs nicht. Wir Kinder wurden an fünf, manchmal sechs Tagen in der Woche von unserer Mutter versorgt und aßen mit ihr allein. Am siebten Tag aber, wenn im Restaurant Ruhetag war, wurde nachgeholt, was wir an den anderen Tagen vermissten: Dann zelebrierten wir unser »Familienessen«.

Unser zweites Wohnzimmer beziehungsweise Esszimmer war das Lokal meiner Eltern. Sonntag spätnachmittags gingen wir in das Restaurant, das für die Gäste an diesem Tag geschlossen war. Mein Vater hatte am Samstagabend etwas vorbereitet, das wir dann gemeinsam fertig kochten. Besonders beliebt waren bei uns mariniertes Fischfilet oder geschmorte Eintöpfe in allen Variationen.

Nach dem Essen war es ein besonderer Spaß für mich, in der Patisserie nachzusehen, ob vom Tag vorher noch etwas Schokoladenmousse oder Petit Fours übrig waren.

Meine Mutter war eine gute Köchin, und daher überließ ihr mein Vater an freien Tagen gerne den Herd. Zudem aß er gerne Hausmannskost, wie zum Beispiel Szegediner Gulasch mit Petersilienkartoffeln.

Wir Kinder liebten dieses Sonntagsessen im Kreis der Familie, es herrschte eine besondere Stimmung, wenn wir bei Kerzenlicht so allein im Lokal saßen und schlemmten. Manche Rituale empfand ich damals als völlig sinnlos und lehnte mich auch dagegen auf. Warum beispielsweise mussten wir jedes Mal Tischdecke und Serviette auflegen? Wir waren doch nur unter uns, und trotzdem wurde aufgedeckt, als käme wichtiger Besuch! Heute weiß ich, dass meine Eltern recht damit hatten, in unserer Familie die gleiche Tischkultur zu leben, mit der sie auch die Restaurantgäste verwöhnten. Das war eine Frage des Respekts, vor uns selbst und vor dem Essen. Darüber hinaus lernten wir Kinder so ganz nebenbei, was es bedeutet, einen Tisch perfekt zu decken.

Anspruch und Wirklichkeit

Genau wie in vielen anderen Familien auch, war die gemeinsame Mahlzeit das Sinnbild unserer Familie. Allgemein galt dieses familiäre Beisammensein als die Basis und der Garant des Familienglücks.

Zwar hat sich diese Einschätzung bis heute nicht verändert, wohl aber unser Alltag. Dabei denke ich an den großen Einsatz an Arbeitszeit, an die Berufstätigkeit beider Elternteile ebenso wie an die Arbeitslast des alleinerziehenden Elternteils. Diese Entwicklungen im täglichen Ablauf haben das gemeinsame Mittagessen sozusagen auf den Abend verschoben.

Auch die Großelterngeneration steht seltener zur Verfügung. Während Großmütter früher eine feste Rolle in der Kindererziehung hatten und an der Vermittlung von Werten und Ritualen teilhatten, sind sie heutzutage oft selbst berufstätig – oder genießen ihren Ruhestand.

Schul- und Arbeitszeiten lassen sich nicht mehr so leicht koordinieren, sodass Döner, Hamburger und Tiefkühlpizza für viele Kinder zum Alltag gehören. Sie verdrücken sie allein, vorm Fernseher, am Computer oder unterwegs. Gegessen wird schnell, wie wir fast alles, was wir heute machen, schnell erledigen. Unser Lebensgefühl ist durch feste Termine und Zeitdruck geprägt.

Nicht nur Zeitpunkt und Dauer der Familienmahlzeit haben sich verändert, sondern auch das, was auf den Tisch kommt. Es bleibt weniger Zeit, das Essen zuzubereiten – von der Energie und Lust nach einem anstrengenden Arbeitstag ganz zu schweigen.

Vom Zeitalter der »postmodernen Ernährung« ist die Rede, und viele sehen schon das Ende der häuslichen Familienrunde gekommen. Sie warnen vor amerikanischen Verhältnissen, mit Hamburger und Cola als Einheitsverpflegung, die jeder im eigenen Rhythmus und irgendwo unterwegs zu sich nimmt.

Schnelles Essen verringert zwangsläufig die gemeinsam in und mit der Familie verbrachte Zeit. Ein großer Verlust für die Familie und den Einzelnen.

Wann immer sich meine Familie am Tisch versammelte, ob am Wochenende alle zusammen oder in der Woche nur mit meiner Mutter, waren die Mahlzeiten vor allem ein Ort des Austauschs. Wir konnten die Außenwelt beiseite schieben und waren alle beieinander. Das ist auch heute noch so. Wenn wir uns im großen Kreis treffen, sprechen wir über alles, was uns bewegt und interessiert: die Kinder, Berufliches, unsere Erlebnisse, aktuelle Ereignisse und natürlich das Essen. Wir pflegen diese Tradition – und ich hoffe sehr, dass auch meine Tochter diese mit ihrem Cousin und ihrer Cousine weiterführt.

Geschmackserlebnisse prägen fürs ganze Leben

In jedem von uns gibt es die Erinnerungen an gelungene Familienfeste. Die gemeinsam verbrachte Zeit, in der man die Nähe, Liebe, Geborgenheit der Familie spürte, miteinander sprach, zusammen lachte. Und sich verwöhnte mit einem (Fest-)Essen.

Manche Glücksgefühle werden mit Situationen, aber auch mit Gerüchen oder Geschmacksempfindungen in Verbindung gebracht, die immer wieder aktiviert werden.

Sinnliche Geruchs- und Geschmackserfahrungen graben sich für immer in unser Gedächtnis. Dass diese ganz simpel sein können, zeigt eine Szene aus dem Film *Ratatouille*. Ein gefürchteter Restaurantkritiker setzt sich in der

Absicht zu Tisch, das ihm servierte Essen auf das Kritischste zu beurteilen – und dann serviert man ihm zu seinem Erstaunen ein ganz einfaches Gericht: eine Ratatouille. Dieser gewöhnliche Gemüseauflauf lässt sein Herz schmelzen und ihn das Restaurant in den höchsten Tönen loben. Warum? Das Essen weckt eine Erinnerung aus seiner Kindheit. Als Junge war er mit dem Fahrrad gestürzt und hatte sich das Knie blutig geschlagen. Seine Mutter hatte dem weinenden Kleinen sein Lieblingsessen vorgesetzt, eine Ratatouille, und alles war wieder gut. Die durch den Geschmack ausgelöste Erinnerung lässt den strengen Kritiker plötzlich ganz weich werden.

Solche sinnlichen »Kurzschlüsse« kennt jeder. Warum der eine Linsen als Lieblingsspeise hat, einem anderen aber bei dem bloßen Gedanken daran schon schlecht wird, hängt auch mit den Erfahrungen zusammen, die man irgendwann beim Essen des Gerichts gemacht hat.

Eine meiner schönsten Kindheitserinnerungen dieser Art hatte ich bei einem Ausflug mit verlockender Jause. Die gesamte Familie Witzigmann, inklusive Opa Alois, plant eine Wanderung. Ziel ist der Hof des Schachenbauern in Bad Gastein. Endlich angekommen nach einem ordentlichen Fußmarsch, sitzen wir in der alten Stube des Gehöfts.
Die alte Bäuerin backt frische Bauernkrapfen. Mein Vater schaut ihr interessiert zu, wie sie Krapfen für Krapfen auf einem großen Holzbrett aussticht und in Form dreht. Für uns Kinder ist das ein Erlebnis, der Ofen wird noch mit Feuer geheizt. Auf dem Herd steht ein großer Emailtopf gefüllt mit Schmalz, darin

wird das Hefegebäck knusprig braun ausgebacken. Wir Kinder sind begeistert und verschlingen das mit Waldheidelbeeren bestrichene lauwarme Gebäck gierig. Die Gemütlichkeit der Stube, den Geruch sowie den Geschmack habe ich bis heute in meinem Gedächtnis.

Andere Anlässe lösen ähnliche Erinnerungen aus: der Geschmack von Käsespätzle, wie sie nur meine Mutter zubereiten konnte (Rezept Seite 64), oder der Duft von Backhendl, die meine geliebte Oma häufig für uns machte, als Belohnung, nachdem wir mit ihr Heidelbeeren oder Tannenwipfel gesammelt hatten. Die Heidelbeeren wurden zu Kompott eingemacht, und die Wipfel für »Tannenwipfelhonig« in Zuckersirup eingelegt. Nach getaner Arbeit schmeckte uns das Backhendl paradiesisch. Kürzlich war ich zu Besuch bei meinem Bruder und entdeckte auf dem Tisch Brot, Butter und Honig – und sofort kam in mir die Erinnerung an unzählige gemeinsam verbrachte Nachmittage auf. Wir saßen mit unserer Mutter bei heißer Ovomaltine zusammen, und sie bestrich uns Butterbrote dick mit Honig.

Dekoration wurde im Aubergine, *dem Restaurant meiner Eltern, immer großgeschrieben. Doch zur Vorweihnachtszeit übertraf sich die Floristin Françoise Black mit ihren Kreationen noch einmal selbst. Der Blumenschmuck war so aufwendig, dass meine Mutter und ich mit anpacken mussten. Da wurden Girlanden gebunden, Kugeln mit Schleifen geschmückt, aber es hat sich gelohnt. Denn am Ende die fertige Pracht zu betrachten, die wir mit unseren eigenen Händen erschaffen hatten, machte mich schon sehr stolz. Das Schönste daran war aber die Gulaschsuppe danach, die unser Vater für uns gekocht hatte. Diese löffelten wir dann zufrieden und glücklich in uns hinein und genossen die festliche Atmosphäre des Lokals. Für einige Jahre war das das vorweihnachtliche Highlight schlechthin, auf das wir uns freuten wie die Kinder aufs Christkind.*

Wie sieht's bei uns im Alltag aus?

Wissenschaftler haben tatsächlich ausgerechnet, dass bei unseren derzeitigen Essgewohnheiten die über Jahrzehnte heiß begehrte Rindsroulade im Jahr 2020 zum letzten Mal auf deutschen Herdplatten geschmort werden wird. Und unsere Kinder werden dann noch nicht einmal vermissen, was so wunderbar schmeckt.

Wäre es nicht schade, solche herrlichen Erlebnisse, die uns ein Leben lang begleiten, unseren Kindern vorzuenthalten? Ist das Ende der abendländischen Esskultur in Sicht? Wie sieht es mit der heutigen Alltagswirklichkeit der Familien aus? Werfen wir einen Blick auf die aktuelle Statistik.

Während sich 1976 noch 15 Prozent aller Familien vollständig zu drei Mahlzeiten zusammenfanden, sind es laut Umfragen heute nur noch 5 Prozent. Bei 66 Prozent nimmt die gesamte Familie eine gemeinsame Mahlzeit ein, bei 90 Prozent der Familien mit Kindern unter 18 Jahren isst ein Elternteil mindestens einmal am Tag gemeinsam mit den Kindern, bei 60 Prozent mehrmals täglich. Bei den nicht Berufstätigen sind es sogar 77 Prozent. Allerdings gibt es auch die Angabe, dass bei einem Fünftel das gemeinsame Essen nicht mehr werktags, sondern ausschließlich am Wochenende stattfindet. Weniger als ein Prozent der befragten Väter und Mütter essen nie oder fast nie mit ihren Kindern.

Eine aktuelle wissenschaftliche Untersuchung der Universität Gießen kommt zu dem Ergebnis, dass auch in Haushalten mit erwerbstätigen Müttern die Familienmahlzeit nicht von Auflösung bedroht ist. Sie findet selten mittags, dafür aber regelmäßig abends statt. Noch scheint also das Ende der deutschen Esskultur nicht in Gefahr zu sein, wenn auch die Häufigkeit und die Selbstverständlichkeit, mit der Familien früher zusammen gegessen haben, abnehmen.

Die Qualität des Essens ist mittlerweile jedoch durch den hektischen Tagesablauf stark beeinträchtigt. Einige Snacks und Fertiggerichte enthalten zu viel Zucker und Fett. Daher ist hier ein bewusster Umgang angesagt, denn besteht der tägliche Speiseplan überwiegend aus solchen Produkten, schlägt die Waage Alarm.

Die Zunahme an übergewichtigen Menschen, auch Kindern, in unserer Gesellschaft spiegelt den Trend zu schnellen, unausgewogenen Mahlzeiten nur allzu deutlich wider. Übergewicht deutet nicht in allen Fällen auf ein gesundheitliches Problem hin. Hintergründe hierfür können auch sozialer und sogar psychischer Natur sein. Gerade übergewichtige Kinder haben unter Ausgrenzung und Hänseleien zu leiden, die ihr Selbstbewusstsein schwächen und so das weitere Leben auf lange Sicht beeinflussen können. Dicke Kinder können meist nichts für ihre Körpermasse. Was und wie sie essen, wird häufig von den Eltern vorgelebt. Wir als Eltern sollten unseren Kindern vermitteln, welche Verbindung zwischen bewusster Esskultur und gesunden Lebensmitteln besteht. Und wie durch feste Regeln jedes Mitglied der Familientafel profitiert.

Wie können wir das angesichts des immensen Zeitdrucks erreichen? Sicherlich ist es nicht notwendig, das Rad der Geschichte zurückzudrehen. Es liegt in unserer Hand, Möglichkeiten zu schaffen, wie wir unter modernen Bedingungen der Familienmahlzeit einen Platz im Alltag sichern können – und unsere Kinder dadurch an Halt und Sicherheit gewinnen. Wichtig ist dabei, sich selbst nicht unter Druck zu setzen, sondern die eigenen Alltagsbedingungen zu akzeptieren, so wie sie sind. Und Wege zu finden, die in den eigenen Rhythmus passen.

Sind Sie, genau wie ich, den ganzen Tag unterwegs? Dann richten Sie auf das Frühstück und Abendessen besondere Aufmerksamkeit. Tage, an denen das nicht möglich ist, wird es zwischendurch geben. Wichtig sind die Grundeinstellung und der Wille, eine bestimmte Zeit einzuplanen. Auch wenn sich gemeinsame (Abend-)Essen einfach nicht koordinieren lassen, weil Sie zum Beispiel oft mit Geschäftskunden im Restaurant gegessen haben, bevor Sie nach Hause kommen. Trotzdem freuen sich Ihre Kinder auch, wenn Sie ihnen »nur« Gesellschaft leisten, während sie noch essen. Vater (oder Mutter) kommen immer erst nach dem Abendessen heim? Was, wenn Ihre Arbeitswoche gar keine Zeit lässt für gemeinsame Mahlzeiten? Nun, dann nutzen Sie eben das Wochenende für umso schönere und genussvollere Essanlässe. Was letztlich zählt, ist die Qualität, sie kommt vor der Quantität.

Was ich Ihnen mit den oben angeführten Situationen sagen möchte: Nehmen wir Eltern solche Hindernisse nicht als Vorwand für ausgefallene Familienzeiten. Die Familienmahlzeiten sollten Inseln sein, die Beständigkeit signalisieren. Die Hauptsache ist die Freude an der Familienrunde, die dadurch entstehende Gemeinsamkeit und die Aussicht auf ein leckeres Essen.

Die Bedeutung der gemeinsamen Mahlzeit

Vor einigen Jahren sah ich einen Kinofilm, und eine Szene darin zeigte sehr gut, worum es mir in diesem Kapitel geht.
Eine alleinerziehende Mutter »trifft« sich mit ihren beiden Töchtern beim Frühstück in der Küche. Die kleine Tochter sitzt am Küchentisch mit einer Schale Cornflakes, die ältere Tochter reißt die Kühlschranktür auf, trinkt hektisch einen Schluck Milch aus der Flasche und rennt aus dem Haus. Die Mutter steht im Bademantel rauchend am geöffneten Fenster, in der Hand eine Tasse Kaffee. Ihr neuer Freund, ein Fan von gelebter Tischkultur (wie sich später zeigen wird), steht in der Tür und sieht sich ungläubig diesen Ablauf an.

Diese Sequenz war witzig gespielt, und das Publikum lachte. Damals war mir nicht bewusst, dass dieses Szenario gar nicht so aus der Luft gegriffen ist. Sondern für (zu) viele Kinder eine traurige Realität.

Wissen Sie, warum es mich bei dieser Darstellung gruselt? Jeder Einzelne ist nur noch mit sich selbst beschäftigt und nimmt zwangsläufig wenig Anteil an dem, was die anderen bewegt. Es bleibt nicht einmal Zeit für ein gemeinsames Essen. Kinder, die in solchen Familien aufwachsen, erfahren wenig Aufmerksamkeit und Nestwärme. Sie erleben die Familie nicht als den Ort, der ihnen Sicherheit und Zuflucht bietet gegenüber der Außenwelt. Auf diese Weise haben sie auch keine Chance, wesentliche Regeln des sozialen Miteinanders zu lernen.

Was wird aus solchen Kindern? Möglich, dass sie sich zu Egomanen entwickeln, die sich nur noch um ihre eigenen Angelegenheiten kümmern und zu Empathie, Zusammenhalt und Kompromissen nicht fähig sind, und dass sie den Sinn von Regeln in der Gemeinschaft nicht einsehen.

Ich bin überzeugt, dass auch berufstätige Eltern mit wenig Zeit Möglichkeiten haben, das Familienleben erfüllend zu gestalten. Was kann man tun, um die Gemeinschaft zu stärken?

Generell sind wiederkehrende Handlungsweisen im täglichen Ablauf sehr hilfreich. Dabei kann es sich zum Beispiel um eine Tasse Tee handeln, die morgens ans Bett serviert wird, den frisch gebackenen Sonntagskuchen, den gemeinsamen Wochenendeinkauf oder das einmal wöchentlich gekochte Lieblingsgericht. Diese vertrauten Abläufe helfen unseren Kindern, sich besser zu orientieren, und vermitteln einen gewissen Halt. Gewohnheiten dieser Art können wir auch fernab des Esstisches schaffen, durch Vorlesen am Abend oder andere Einschlaf- und Aufstehrituale. Den größten Beitrag leistet hier jedoch meiner Meinung nach das gemeinsame Essen im Familienkreis.

Diese wiederkehrenden Alltagsrituale verdienen auch einen Platz im Leben von Paaren und bei Menschen, die allein essen. Warum? Es hat etwas mit der Wertschätzung der eigenen Person zu tun. Selbst wenn ich allein esse, decke ich den Tisch so, dass ich gern eine kleine Auszeit nehme. Auch meiner Tochter möchte ich damit zeigen, dass es durchaus erstrebenswert ist, sich selbst zu verwöhnen. (Oje! Während ich dies schreibe, liegt vor dem PC mein »Mittagessen«, eine Breze, die liebevoll angerichtet auf der Papiertüte des Bäckers liegt. Ausnahmen bestätigen die Regel!)

Tischkultur spielt auch außerhalb der Familie eine große Rolle. In vielen Unternehmen, überwiegend in familiengeführten Betrieben, essen die Mitarbeiter gemeinsam.
Hans Reisetbauer, ein lieber Freund aus Österreich, führt dort seine erfolgreiche Schnapsbrennerei. Seine Frau, eine wunderbare Köchin, kocht jeden Mittag für die Familie und die Mitarbeiter. An einem langen Holztisch in der Küche sitzen alle zusammen und essen. Das gemeinsame Essen und der Umgang stärken den Zusammenhalt. Die Familie drückt auf diese Art die Wertschätzung ihrer Angestellten aus und schärft gleichzeitig das Bewusstsein für Qualitätsempfinden. Das Ergebnis ist ein außerordentlich guter Schnaps!

Regelmäßigkeit schafft Sicherheit

Die Rituale des gemeinsamen Essens haben sich im Lauf der Zeit gelockert. Früher herrschte (zumindest in bürgerlichen Kreisen) viel mehr Übereinstimmung über den Ablauf einer Familienmahlzeit als heute: Freitags gab es traditionell Fisch, sonntags Suppe, anschließend Braten, und an den Feiertagen regional festgelegte Gerichte wie die Weihnachtsgans oder das Osterlamm.

Auch in Bezug auf Tischmanieren und Regeln gab es ziemlich klare Vorstellungen. Einen festen Platz hatte das heute etwas antiquiert wirkende Dankgebet. Es wurde vor dem Essen gesprochen. Die Menschen kamen dadurch zur Ruhe, waren dankbar für die aufgetragenen Speisen und aßen bewusster. Der Vater galt als das Familienoberhaupt und benahm sich auch so. Er bekam als Erster serviert, und zwar die besten Stücke. Er war der Wortführer, während die Kinder zu schweigen hatten.

Bis ins 20. Jahrhundert hinein war das gemeinsame Essen für die Kinder sicher weniger lustig, vor allem aufgrund der väterlichen Autorität. Die schauerlichen Märchen vom Zappelphilipp und Suppenkaspar sollten dazu dienen, Kinder zum Stillsitzen zu zwingen. Und die Zappeligkeit der Kinder war der stumme Protest gegen den Familiendrill. Gesellige Familientafeln waren damals einfach nicht gefragt. Heute sind wir diesbezüglich wesentlich aufgeschlossener und weniger förmlich. Und im Allgemeinen entwickelt jede Familie ihre eigenen Rituale rund um den Esstisch.

In dem vollgepackten Arbeitstag meiner Mutter gab es immer einen Zeitraum, der für uns reserviert war. Sie arbeitete vormittags und abends, zwischendurch kam sie nach Hause. Und dass wir für die Mahlzeiten in diesem Zeitraum pünktlich erschienen, war ihr sehr wichtig. Mittags um 13.30 und abends um 18.30 Uhr.

Auch wenn es uns oft als sehr lästig erschien, beim Spielen mit Freunden als Erste nach Hause zu gehen, wären wir nie auf die Idee gekommen, diese Regelung infrage zu stellen. Im Gegenteil: Nach der Schule heimzukommen und zu wissen, was uns erwartete – eine Mutter, die uns ein Essen gekocht oder aus dem Restaurant mitgebracht hatte –, gab uns ein warmes, sicheres Gefühl.

Geliebt habe ich auch ein Nachmittagsritual. Bevor meine Mutter wieder zur Arbeit ging, kochte sie sich eine Tasse heißen Kakao. Oft nutzte ich diese Zeit, um mich zu ihr zu setzen und ihr meine kleinen Sorgen oder Erlebnisse anzuvertrauen.

Dieser geordnete Tagesablauf brachte Struktur und Stabilität in unser Leben. Wahrscheinlich hätte es uns irritiert und verunsichert, wenn unsere Mutter von diesem Zeitplan abgewichen wäre. Der war durch ihre Arbeitszeiten bestimmt, und daran war nicht zu rütteln. Die festen Zeiten schränkten einerseits unsere Freiheit ein, waren jedoch andererseits so etwas wie ein Versprechen: Wir wussten, jetzt gehörte die Aufmerksamkeit uns Kindern.

Das Zeitfenster war vorgegeben, und man durfte es nicht verpassen. Kinder akzeptieren Regeln, wenn sie – vielleicht auch unbewusst – erfassen, wie sehr sie davon profitieren. Gleiches beobachte ich bei meiner Tochter. Auch wenn unsere Regeln oft von ihr mit rollenden Augen und spitzen Bemerkungen quittiert werden, überwiegt für sie die Sicherheit, die ihr diese vermitteln. Gerät unser eingespielter Rhythmus aus dem Takt – etwa weil ich beruflich unterwegs bin –, möchte sie genau wissen, wann wir unseren erprobten Alltag wieder leben. Trotz der (teilweise) ungeliebten Pflichten ist sie jedes Mal froh, wenn der Tag oder die Woche wieder ihren gewohnten Ablauf hat.

Wie schon erwähnt helfen Rituale Kindern, sich zu stabilisieren. Durch diese Regeln entsteht eine gewisse Ordnung im täglichen Miteinander. Wenn der Ruf meiner Mutter ertönte: »Essen!«, wussten wir, dass es nun an uns war, verschiedene Dinge zu erledigen. 1. Hände waschen, 2. Tisch decken, 3. Gläser füllen, 4. Teller verteilen. Es ging nicht darum, ob uns diese Aufgaben gefielen, es gehörte einfach dazu und wurde akzeptiert. Natürlich hat jede Familie ihre eigenen Gewohnheiten, ob die gemeinsamen Mahlzeiten täglich zwei- oder dreimal stattfinden oder sich über die Woche verteilen, ist dabei nicht so wichtig.

Heute ist mir bewusst, dass unser damaliger Zeitplan meiner Mutter das Leben erleichterte. Mit ihm ließen sich Grenzen und auch Freizeiten leichter einhalten und gestalten.

Sind sie einmal in der Familie etabliert, werden Kinder die Regeln nicht jedes Mal aufs Neue infrage stellen und diskutieren. Unter diesem Gesichtspunkt betrachtet eignen sich Rituale auch als gute Erziehungshelfer.

Bei uns hatte jeder seinen festen Platz mit einer Serviette bei Tisch. Während des Essens galten simple Regeln, zum Beispiel, dass erst mit dem Essen begonnen wurde, wenn alle am Tisch saßen und eine Speise auf dem Teller hatten. Oder dass die Nachspeise zum Schluss gegessen wurde. So selbstverständlich uns diese Punkte erscheinen mögen: Durch die konsequente Wiederholung werden diese im Gedächtnis der Kinder als Gewohnheit gespeichert. Neben der Sicherheit, die durch die immer gleichen Abläufe und Regeln entsteht, erfahren sie den Wert von Gemeinsamkeit. Durch den vorhersehbaren Ablauf der Mahlzeiten können Kinder Verantwortung übernehmen. Sie sind Teil eines Ganzen, der Familie, und erfüllen eine bestimmte Aufgabe. Das fühlt sich gut an und stärkt das Selbstwertgefühl.

Als meine Tochter im Kindergarten einen Tischspruch gelernt hatte, bestand sie darauf, dass wir ihn auch zu Hause vor dem Essen sagten. Wir hielten uns an den Händen und sagten gemeinsam: »Piep, piep, piep, wir haben uns alle lieb und wünschen guten Appetit.« Mit ernster Miene achtete sie darauf, dass dieser Vers täglich aufgesagt wurde. Außerdem hatte sie nun auch eine Tischregel eingeführt, die wir akzeptierten. Das erfüllte sie mit Stolz und gab ihr das Gefühl, ein ernst genommenes Mitglied der Familie zu sein.

Soziale Kompetenzen leicht gemacht

Der Esstisch bietet uns die optimale Plattform zu einem Austausch. Hier unterhält man sich über die Ereignisse des Tages. Und wie wir alle aus eigener Erfahrung wissen, ist die Laune der einzelnen Familienmitglieder oft recht unterschiedlich. Die Emotionen reichen von fröhlich, entspannt, mitteilsam bis hin zu traurig, wütend und verschlossen. Mal ist man nachdenklich und hat das Bedürfnis nach Ruhe, mal möchte man seinen Kummer aussprechen oder sprudelt über vor Erzähl- und Lebenslust. »Mami, ich hab heute Quasselwasser getrunken und Spaßschwammerl gegessen«, witzelt Marietta etwa in solchen Augenblicken. Diese Momente verbinden uns und geben uns Halt. Bei Tisch bekommt jeder die unterschiedlichen Stimmungen der anderen mit und lernt, damit umzugehen. Hier wird die Balance zwischen Nähe und Distanz, Individualität und Gemeinschaft, zwischen Geben und Nehmen erlernt.

Mein Bruder und ich waren als Kinder wie Hund und Katz. So einige Meinungsverschiedenheiten haben wir am Esstisch ausgetragen. Diese Hackeleien gingen meiner Mutter ziemlich auf die Nerven. Doch sie achtete darauf, dass wir bestimmte Grenzen nicht überschritten. Sie ließ Auseinandersetzungen zu, ermahnte uns aber zu Sachlichkeit, wenn die Diskussionen zu hitzig wurden. Außerdem achtete sie darauf, dass wir fair blieben, also keiner ausgelacht oder verspottet wurde.

Bei Tisch lernten wir viele Spielregeln, die die Basis für das soziale Miteinander bilden: Rücksichtnahme, Selbstdisziplin, die Grenzen der anderen zu respektieren, zuzuhören und auf den Gesprächspartner einzugehen.

Wie wichtig durch Familientraditionen erfahrene Verlässlichkeit und Geborgenheit sind, verdeutlichen Erkenntnisse aus dem Bereich der Neurobiologie. Laut dem Göttinger Wissenschaftler Gerald Hüther ist »die wichtigste Voraussetzung für die Herausbildung und Stabilisierung komplexer neuronaler Verschaltungsmuster im kindlichen Hirn emotionale Sicherheit«. Mit anderen Worten: Kinder, die sich in ihrer Familie sicher fühlen, lernen leichter und gründlicher. Damit dies besser gelingt, brauchen wir eine gute Atmosphäre als Grundlage.

Die gute Stimmung isst mit – keine Kritik bei Tisch!

Eine angenehme Atmosphäre in der Familienrunde bedeutet nicht, dass alle immer blendender Laune sein müssen. Menschen unterliegen Stimmungsschwankungen. An manchen Tagen verläuft die Mahlzeit heiter und ausgelassen, an anderen fühlt man sich nicht wohl und schweigt. Das ist normal und gehört zum sozialen Miteinander dazu. Es wäre unnatürlich, täglich eine heile Welt bei Tisch zu inszenieren und Probleme unter den Teppich zu kehren.

Einige Vereinbarungen zu diesem Thema sind jedoch gut. So werden auch üble Laune oder schwierige Situationen authentisch gemeistert, ohne dass sich die Verstimmung auf alle Mitglieder der Tischrunde auswirkt.

Schlechte Laune darf sein, solange klar ist, dass es sich um eine vorübergehende Tagesverfassung handelt. Es ist aber hilfreich, sie kurz anzusprechen, um weiterführende Konflikte zu vermeiden. Des Weiteren sind Launen auch altersabhängig zu bewerten.

1. Gleiches Recht für alle

Wir alle wollen zusammen unser Essen genießen und freuen uns darauf. Die Mahlzeit ist nicht *nur* dazu da, den Kindern etwas Gesundes aufzutischen und ihnen Geborgenheit zu schenken, sondern auch, um uns selbst eine Freude zu machen. Bei uns kommen auch Gerichte auf den Tisch, die mir als Köchin und Mutter gut schmecken. Wenn die

Geschmäcker sehr unterschiedlich sind, führen Sie einen Wunschzettel ein, auf dem jeder sein Lieblingsessen aufschreibt. Es gilt: Gleiches Recht für alle – ob bei der Auswahl der Speisen oder beim Anteil am Tischgespräch.

Wie bedeutsam es für ein Kind sein kann, selbst entscheiden zu dürfen, kann ich aus eigener Erfahrung nachvollziehen:

An freien Tagen oder im Urlaub besuchten unsere Eltern gerne Freunde, die ebenfalls ein Restaurant führten. Meist ergab sich folgende Situation: Mein Vater lehnte dankend die Speisekarte ab und ließ sich die Tagesspezialität(en) empfehlen. Aufgrund seiner Erfahrung wusste er, wie sehr es die Küchenbrigade unter Druck bringen konnte, wenn an einem Tisch mehrere verschiedene Gerichte bestellt wurden. Also wollte er netterweise den Köchen den Stress ersparen und bestellte für uns alle vier das Gleiche. So manches Mal deckte mein Geschmack sich nicht mit seinem, und ich hätte gern etwas anderes bestellt. Besonders sind mir dabei die fangfrischen Forellen in Erinnerung geblieben. Das Filetieren dauerte ewig – und erst die vielen Gräten ...

2. Streit und unangenehme Themen gehören nicht auf den Tisch

Kinder macht es unglücklich, wenn ihre Eltern sich streiten. Es verunsichert sie zutiefst, wenn die beiden Menschen, denen sie am meisten vertrauen, sich nicht verstehen. Deshalb sollten Eltern ihre Meinungsverschiedenheiten nicht vor den Kindern austragen, schon gar nicht, wenn es dabei um die Kinder selbst geht. Das zwischen die Fronten geratene Kind wird sich schuldig und unwohl fühlen.

Schlechte Noten sind als Tischthema ebenfalls tabu. Das Kind ist ohnehin durch seinen schulischen Misserfolg niedergeschlagen. Vorwürfe machen eine verpatzte Klassenarbeit auch nicht besser. Bei solchen Gesprächen verlieren meist nicht nur alle Beteiligten den Appetit – was bei einem leckeren Essen besonders schade ist –, sondern auch die Lust auf die Gemeinschaft.

3. Keine »Erziehung« bitte

Das gilt auch für Dauerkritik und Ermahnungen beim Essen. Manchmal gibt es in einer Eltern-, Mutter-Kind- oder Vater-Kind-Beziehung ein ungelöstes Problem als Dauerthema, das den immer gleichen Konflikt mit den immer gleichen Vorwürfen aufwärmt.

In unserer Familie war ich das schwarze Schaf, denn ich mochte keinen Salat. Ich kann mich noch gut an die Debatten erinnern, in denen ich und dieses von mir zutiefst verabscheute Grün Tischthema waren.

Wenn die gemeinsame Mahlzeit zur Arena für solche Kämpfe wird, kann es ein Ungleichgewicht in der Eltern-Kind-Beziehung geben.

Auch wenn es schwerfallen mag: Eltern tun gut daran, sich Kritik am Verhalten ihrer Kinder bei Tisch zu verkneifen. Erziehung sollte hier in erster Linie nur positiv und durch eine Vorbildfunktion der Eltern stattfinden. Auf andere »erzieherische« Maßnahmen wie lange Vorträge über richtiges Verhalten sollten wir Eltern besser verzichten. Der Familientisch hat vor allem die Aufgabe, gemeinsam in positiver Atmosphäre eine Mahlzeit einnehmen zu können.

Der Familientisch gibt uns Halt

Der Familientisch ist für Eltern, die sonst wenig Zeit mit den Kindern verbringen können, die beste Gelegenheit, an deren alltäglichen Erfahrungen teilzuhaben. Beim Essen berichtet jeder über die Erlebnisse des Tages oder darüber, was ihn beschäftigt. Wenn Kinder in der Familie über ihre Probleme sprechen können, ist das ein doppelter Gewinn: Zum einen können sie gemeinsam mit Eltern und Geschwistern Lösungen besprechen, wie eine belastende Situation geändert werden kann. Auch wenn es manchmal keine Patentlösung gibt, tut es allen Beteiligten gut, im Familienkreis darüber gesprochen zu haben.

Wenn Kinder sich verschließen und plötzlich nicht mehr an Gesprächen teilnehmen, kann dies ein Signal sein, dass etwas nicht in Ordnung ist. Die Eltern können behutsam die Ursachen für das kindliche Schweigen ermitteln: Ist das Kind einfach nur in einer Phase, in der es viele neue Erfahrungen verarbeiten und darüber nachdenken muss? Oder steckt mehr dahinter? Manchmal reicht es schon aus, das Kind liebevoll anzusehen und zu sagen: »Mir fällt auf, dass du gar nichts sagst. Magst du mir erzählen, was dir auf dem Herzen liegt?« So eine Frage kann sich auch ganz zufällig in der Küche bei der gemeinsamen Vorbereitung des Essens ergeben. Aus eigener Erfahrung weiß ich, dass sich aus solchen Situationen ein gutes Gespräch entwickeln kann.

Durch die Familienrunde bekommen Eltern gute Hinweise darauf, was ihre Kinder gerade bewegt:

> *Der Sohn einer Freundin hatte im Alter von sieben Jahren seinen Appetit verloren und war stiller geworden. Morgens und mittags bekam er kaum etwas hinunter, Pausenbrote tauchten nach der Schule unausgepackt wieder auf. Auf Nachfragen, ob etwas nicht in Ordnung sei, bekam meine Freundin keine klaren Antworten. Sie erkundigte sich bei anderen Müttern und auch bei der Klassenlehrerin, ob es Stress in der Schule gebe, aber niemandem war etwas Besonderes aufgefallen. Als daraufhin meine Freundin ihrem Sohn auf dem Weg zur Schule folgte, beobachtete sie, wie drei Jungen aus einer höheren Klasse ihn in eine Ecke drängten und schikanierten. Die Mutter wandte sich an die Schule, und schnell konnte dem Mobbing ein Ende gesetzt werden. So erfuhr der Junge in einer wichtigen Situation den Rückhalt durch seine Familie.*

Mit der Familienmahlzeit schaffen Eltern eine wiederkehrende Situation, in der sie beobachten können, wie es ihren Kindern geht. Für die Kinder bedeutet emotionale Sicherheit, dass sie schöne Erlebnisse, aber auch die Dinge erzählen können, die sie verunsichern und ängstigen.

Manchmal sitzt Marietta erwartungsvoll mit Messer und Gabel in der Hand vor ihrem Teller, während ich in der Küche noch einen Topf abspüle oder die Spülmaschine füttere. Sie kann es gar nicht abwarten, mir von ihrem Tag zu erzählen. Dann kommt es vor, dass sie mitten im Satz abrupt aufhört zu reden und sagt: »Ich warte jetzt lieber, bis du da bist, dann ist das Erzählen schöner.«

In bewegten Lebensphasen gibt das regelmäßige Essen in der Familie den Kindern Halt. Veränderungen wie Umzüge oder Schulwechsel können tiefgehende Verunsicherungen hervorrufen, in denen Familienrituale emotionale Rettungsringe darstellen. Kinder sind im Grunde sehr konservativ veranlagt und mögen keine Veränderungen. Auch aus diesem Grund lieben sie den Familientisch.

Sprachliches Geschick gibt's gratis!

Wenn man einer Studie glauben darf, wirkt sich die regelmäßige Familienmahlzeit positiv auf die kindliche Sprachentwicklung aus – was eigentlich auch nicht verwunderlich ist. Bei Tisch tauscht man sich über alle Themen aus, die das Leben so bereithält. Die Kinder bekommen sachliche Informationen und zugleich subjektive Eindrücke vermittelt. Und sie können das Sprachrepertoire, das ihnen bei Tisch präsentiert wird, einüben, denn sie nehmen aktiv an den Gesprächen teil und haben die Gelegenheit, ihre eigenen Gedanken und Gefühle zu artikulieren.

Als Schülerin war ich mit einem Mädchen befreundet, das in einer Familie mit vielen Geschwistern aufwuchs. Es faszinierte mich, mit welcher Selbstverständlichkeit und welchem sprachlichem Geschick auch die kleinen Geschwister an den Tischgesprächen teilnahmen. Der Grund: Der Vater förderte die Kinder gezielt, indem er sie immer wieder dazu anregte, ihre Gedanken zu formulieren, zu begründen und sich mit den Meinungen der restlichen Familienmitglieder auseinanderzusetzen. Das alles spielte sich in einer ungezwungenen Atmosphäre ab. Die Kinder liebten die Wortgefechte mit ihren Geschwistern und profitierten von der Vielfalt ihres Wortschatzes im Schulunterricht.

Auf einen Blick:
Die Bedeutung der gemeinsamen Mahlzeit

Wenn gemeinsame Mahlzeiten immer schwieriger unter einen Hut zu bringen sind, dann verlieren Eltern den Kontakt zu ihren Kindern. Der Verlust für die Kinder ist dabei immens. Denn Familienmahlzeiten finden meist zu Hause, an einem vertrauten Ort statt. Hier möchten wir uns entspannen, Sorgen vergessen oder darüber sprechen und gemeinsam eine Lösung finden. Die Familientafel ist die Basis für soziales und sprachliches Lernen, hier fühlen Kinder sich sicher. Die gelernten Tischregeln sind nur ein kleiner Teil der kindlichen Persönlichkeitsentwicklung. Mit ihrer Hilfe entwickeln sie das Gefühl für ihr eigenes Selbstbewusstsein, erkennen Werte wie Rücksichtnahme und Mitgefühl. Sie erfahren, dass Regeln nicht dazu da sind, sie zu ärgern, sondern dem gemeinsamen Familienleben Struktur und Verlässlichkeit zu geben. Die enge Gemeinschaft vermittelt Kindern den Wert von Regelmäßigkeit, in der sie Halt und Geborgenheit finden.

Diese Ansicht wird übrigens von den Kindern selbst bestätigt. Befragt nach ihrer Einschätzung des Familientischs, äußern sich zwischen 80 und 90 Prozent positiv. Sie mögen die gemeinsame Mahlzeit zu Hause wegen der Gemütlichkeit. Aber auch, weil sie über Probleme sprechen können, die mit Unterstützung der Eltern gelöst werden.

Wenn die Mitglieder einer Familie nicht mehr am Esstisch zusammenfinden, zerfällt die Gemeinschaft. Das Ritual der gemeinsamen Mahlzeit zu erhalten ist der beste Weg, dies zu verhindern.

Die Pflicht zu essen

Hilfe, mein Kind isst nicht!

Sie haben diese Unterhaltungen bestimmt auch schon geführt, mit anderen Eltern, die besorgt und zugleich ratlos über die Appetitlosigkeit ihres Kindes sind. Oder beschäftigt Sie die Frage, warum Ihr Kind ein schlechter Esser ist? Merkwürdigerweise treibt diese Frage viele Eltern, vor allem Mütter, um. Obwohl ich noch nie von einem Fall gehört habe, bei dem so ein kleiner Verweigerer verhungert wäre.

Woran liegt das? Für viele Mütter ist es ein mehrschichtiges Problem, wenn ihr Kind nicht essen will. Ich weiß nicht, wie es Ihnen geht, aber ich ärgere mich jedes Mal darüber, wenn nur lustlos auf dem Teller herumgepickt und das Essen von einer Seite zur anderen geschoben wird. Nun haben wir schon so viel Zeit und Mühe in die Vorbereitung der Gerichte investiert – die dann gar nicht oder widerwillig gegessen werden. Das wirkt sich nicht sehr inspirierend und motivierend auf eine Familienköchin aus.

Im Unterbewusstsein der Frau spielt zudem immer noch das Gefühl der traditionellen Verantwortung eine Rolle, ausschließlich für die Gestaltung des Speiseplans und die

Gesundheit ihrer Familie verantwortlich zu sein. Früher waren die Gerichte »mit Liebe gekocht«, und diese Liebe ging dann – logisch – durch den Magen. Die Aufgabenbereiche der modernen Frau haben sich grundlegend geändert. Neben ihrer Berufstätigkeit ist sie jedoch oftmals weiterhin allein verantwortlich für das leibliche Wohl ihrer Familie. Ein leckeres Essen ist der ultimative Liebesbeweis, den die Köchin ihrer Familie entgegenbringen kann. Wird der nicht angenommen, fühlt sie sich in ihrer liebevollen Umsorgung infrage gestellt – auch wenn ihr das vielleicht gar nicht bewusst ist.

Kinder haben hierfür ein feines Gespür. Sie verweigern das Essen, und so kann sich ein Kräftemessen zwischen ihnen und der Mutter entwickeln. Um den ständigen Diskussionen aus dem Weg zu gehen, kocht die Mutter dem heiklen kleinen Esser nur noch dessen Lieblingsgerichte. Aber gerade dadurch wird dem Kind die Möglichkeit genommen, verschiedene Speisen kennenzulernen.

Vor einigen Jahren lernten wir im Urlaub eine Familie kennen. Unsere Töchter freundeten sich an. Sie verbrachten den ganzen Tag miteinander, wechselseitig in den Familien. Auch gegessen wurde gemeinsam.

Meine Tochter beobachtete fasziniert, wie die Mahlzeiten bei ihrer Freundin vonstattengingen. Was auch immer auf den Tisch kam, wurde abgelehnt. Die Mutter versuchte alles Mögliche, bot ihrer Tochter an, sie zu füttern, machte Versprechungen, drohte mit frühem Zu-Bett-Gehen. Nichts half. Meist endete es damit, dass der Vater sich über das »ewige

Theater« beschwerte und die Mutter dem Kind einen Pfannkuchen machte. Denn dieser wurde gegessen. Aßen die beiden bei uns, gab es keinerlei Probleme. Gegessen wurde, was auf den Tisch kam.

Dieses Phänomen kenne ich übrigens auch. Zum Beispiel isst Marietta Gemüsereis nur bei meiner Freundin Susan, keinesfalls zu Hause. Selbst wenn ich den Risotto nach genau demselben Rezept (Seite 87) zubereite, ist er bei mir offenbar ungenießbar.

Dass Machtkämpfe zwischen Eltern und Kind über das Essen ausgetragen werden, ist gar nicht so selten. Vermeiden können wir Eltern dies nur, wenn wir unser eigenes Verhalten reflektieren und uns bewusst werden, dass wir es selbst sind, die unsere Kinder zu wählerischen Essern erziehen.

Den Körpersignalen vertrauen

Kinderärzte sprechen von einem »inneren Regelsystem« bei normal ernährten, gesunden Kindern. Jedoch ist der Appetit auf Speisen nur ganz am Rande ein Zeichen für einen bestimmten Bedarf. Eine spontane Nahrungsauswahl des Kindes richtet sich eher nach seiner Tagesform und ist kein Zeichen für spezifischen Vitamin- oder Mineralstoffbedarf. Besonders ausgeprägt zeigt sich das bei Heißhungerattacken. Brauchen Kinder viel Energie, wollen sie protein- und kohlenhydratreiche Kost. In psychisch anstrengenden Phasen bevorzugen sie Vitamin-B-reiche Lebensmittel oder solche, die den Endorphingehalt erhöhen. Kinder greifen oftmals intuitiv zu Speisen, die ihren Nährstoffgehalt anteilig decken.

Nur zu gern würden sich Eltern auf eine instinktive Nahrungsaufnahme verlassen. Aber jeder, der schon einmal in der Situation war, dass sein Kind sich über Wochen nur von »Butternudeln« ernährt hat, weiß, wie schwer es ist, gelassen zu bleiben, um weiterhin dem kindlichen Hunger- beziehungsweise Sättigungsgefühl zu vertrauen. Hat das Kind ein psychisches Problem? Steht es unter Stress? Kann der fehlende Hunger nicht ein Zeichen von Krankheit sein?

Dies ist schon möglich. Deshalb ist es wichtig, dass Eltern das Gesamtverhalten ihres Kindes beachten.

Auch ich habe diese Situation erlebt, als meine Tochter klein war. Bis zum Alter von knapp vier Jahren war Marietta eine sogenannte gute Esserin. Was immer auf den Tisch kam, futterte sie mit großem Appetit, Garnelen ebenso wie Spargelköpfe oder Oliven. Über Nacht änderte sie ihre Essgewohnheiten. Die Neugier und die Lust, neue Speisen zu probieren, ließen schlagartig nach. In meiner Ratlosigkeit kochte ich nur noch ihre Lieblingsgerichte. Manchmal bot ich ihr abends sogar drei verschiedene Speisen an, in der Hoffnung, dass für sie das Richtige dabei wäre. Natürlich konnte ich diesen Aufwand auf Dauer nicht betreiben. Mit der Zeit normalisierte sich ihr Essverhalten wieder von selbst, und ich stellte fest, dass ihr Nahrungsbedarf in dieser Zeit einfach geringer gewesen war.

Im Nachhinein habe ich erfahren: Ein vierjähriges Kind braucht nur halb so viele Kalorien wie ein Säugling, um das Gleiche an Gewicht zuzunehmen. Mit diesem Wissen hätte ich wahrscheinlich viel entspannter reagiert.

Generell brauchen Eltern allerdings gar nicht so viele detaillierte Kenntnisse über ernährungsphysiologische Zusammenhänge. Eigentlich reicht eine einzige Frage, um zu ermitteln, ob einem Kind etwas fehlt: Ist es gesund und munter und entwickelt es sich gut? Wenn ja, dann dürfen Eltern getrost davon ausgehen, dass ihr Kind richtig isst.

Zu viel Zucker stört das natürliche Hungergefühl

Das gesunde Hungergefühl funktioniert allerdings nicht, wenn Kinder einseitiges Essen gewöhnt sind, zum Beispiel zu viele Süßigkeiten. Ein hoher Zuckerkonsum stört den normalen Stoffwechsel. Er führt zu vermehrter Insulinausschüttung, die wiederum führt zu Unterzuckerung, woraufhin sich das Bedürfnis nach zuckerhaltiger Nahrung erhöht, und so weiter. Die Sprache des Körpers ist hier beeinflusst.

Dass zuckerhaltige Lebensmittel und Getränke keine Grundlage für gesunde Ernährung sind, liegt auf der Hand. Besser gewöhnt man Kinder früh an Wasser, Milch (in Maßen), Tees oder verdünnte Obstsäfte, mit ausschließlich fruchteigenem Zuckeranteil.

Anstatt zu akzeptieren, dass ein Kind zeitweise kein Hungergefühl empfindet, versuchen viele Mütter, ihre Kinder mit Sätzen wie »Probier doch wenigstens. Schau mal, deinem Bruder schmeckt's doch auch« zu ermuntern. Wird

Essen auch noch als Liebesbeweis gewertet à la »Du würdest mir eine große Freude machen, wenn du wenigstens die Nudeln aufisst«, sitzt das Kind in der Falle. Welches kleine Kind möchte schon seiner Mama diese Bitte abschlagen und als lieblos gelten? Es reißt sich also zusammen und isst, obwohl es keinen Hunger hat. Und mit welchem Ergebnis? Das Kind verlernt, den Signalen seines Körpers zu vertrauen.

Alles essen, was auf den Tisch kommt?

Durch meine Eltern wurde meine Einstellung zu einer natürlichen Ernährung und der Verwertung der Lebensmittel geprägt. In der Familie Witzigmann galt essen geradezu als heilig.

Es kam durchaus schon einmal vor, dass Gäste, die sich von meinem Vater liebevoll bekochen ließen, nach dem soundsovielten Gang dankend den nächsten Gang ablehnten. Hierfür brachte mein Vater nur bedingt Verständnis auf. Mit dynamischen Schritten verließ er die Küche und ging an den Tisch, um sich zu erkundigen, ob alles zur Zufriedenheit sei. Durch das persönliche Gespräch erfuhr er, dass zum Beispiel so manche zierliche Dame eine kleinere Portion bevorzugen würde. Hierdurch erzielte er folgende Effekte: Zum einen fühlte sich der Gast individuell betreut, und zum anderen wurden wertvolle Nahrungsmittel nicht umsonst zubereitet und serviert.

Es entspricht seiner tiefsten Überzeugung, dass keine Frucht einfach nur so gepflückt und kein Tier sinnlos geschlachtet werden sollte.

Mein Bruder und ich haben diese Werte verinnerlicht und leben heute auch danach. Der Respekt der Nahrung gegenüber ist tief in uns verankert, und wir versuchen, unsere Kinder im gleichen Sinne zu erziehen.

Trotzdem gibt es Situationen, in denen Kinder nicht essen mögen, was auf den Tisch kommt. Ich erinnere mich an bestimmte Gerichte, die ich nicht mochte. Bei einer Einladung wurde uns gefüllter Kalbskopf serviert. Wahrscheinlich war es weniger der Geschmack als vielmehr meine Vorstellung vom gefüllten Kopf eines toten Tieres; manche Kinder reagieren in dieser Hinsicht nun mal sehr sensibel. Kaviar mit seiner speziellen Konsistenz bekam ich nur mit sehr, sehr viel Wasser runter. Aber natürlich konnten wir Köstlichkeiten, die uns in einem Restaurant serviert wurden, nicht zurückgehen lassen. Zum Glück opferte sich unsere Mutter und aß, was wir ihr heimlich auf den Teller schmuggelten. Bei einer Einladung hatte ein Gast seinen Hund dabei. Zur großen Freude meines Bruders und mir positionierte sich dieser unter dem Tisch, direkt zwischen uns. Für den armen Hund war das Fünf-Gänge-Menü, das wir unter den Tisch wandern ließen, wohl doch zu viel, er litt in dieser Nacht unter Bauchschmerzen.

Wenn das Kind zu Beginn des Essens keinen Hunger hat, wäre es ratsam, das ohne große Diskussion zu akzeptieren. Es sollte ihm zugleich klar sein, dass es trotzdem am Tisch sitzen bleibt. Wie bereits erwähnt, ist die Mahlzeit dennoch eine für die Familie wichtige gemeinsame Zeit. Es ist wenig sinnvoll, einem Kind, das keinen Hunger hat, einen vollen Teller vorzusetzen. Freuen Sie sich auf Ihr Essen, vielleicht stellt sich bei Ihrem Kind der Appetit durch das Zuschauen ein.

Gibt es in einem Essen Zutaten, die ein Kind nicht mag, sollten wir es nicht zwingen, diese zu essen. Nicht jedes Gericht muss ratzeputz aufgegessen werden. Wir alle haben mit zahlreichen Überredungskünsten versucht, unsere Kinder zum Aufessen zu animieren. Dazu werden Sätze verwendet wie »Wenn du deinen Teller heute leer isst, dann scheint morgen auch die Sonne«. Nichtsdestotrotz entstammen solche und ähnliche Aussagen einer Wertevermittlung, die grundsätzlich nicht falsch ist. Kinder, die in dem entsprechenden Alter sind, sich ihre Speise selber zu nehmen, sollten dies verantwortungsbewusst tun. Die Anleitung zu einem maßvollen Verhalten obliegt der Verantwortung der Eltern.

Bei allen Erziehungsbemühungen sollten wir aber eines nicht vergessen: Auch wir Erwachsenen sind nicht immer ein Vorbild und essen unseren Teller nicht immer ganz leer!

Umgang mit Zwischenmahlzeiten und Snacks

Die Aussage »Kein Hunger« kann natürlich auch die Folge eines kurz vor dem Abendessen genossenen Schokoriegels sein. Es liegt auf der Hand, dass spontane Speiseplanänderungen dieser Art geregelte Familienmahlzeiten durcheinanderbringen. Wer dreimal täglich ausgewogen isst, braucht normalerweise nichts zwischendurch. Bei Kindern ist das etwas anders, ihnen bieten wir zusätzlich zwei kleine Zwischenmahlzeiten an.

Snacks, wie sie heute in immer neuen, trendigen Formen angeboten werden, sollten deshalb (wenn überhaupt) in Maßen und bewusst gegessen werden. Sie enthalten viele leere Kalorien, und der Nährstoffgehalt ist eher wertlos. Dieses Thema begegnet uns aber nochmals ausführlicher weiter hinten im Buch.

Und was, wenn der kleine Hunger zwischendurch doch aufkommt? Auch für Zwischenmahlzeiten gilt, dass man mit ihnen bewusst umgehen sollte. Eine Ihnen sicherlich auch bekannte Situation: gedankenloses »snacken« während eines Telefonats. (Abgesehen davon, dass es auch gegenüber dem Gesprächspartner nicht gerade taktvoll ist, wenn man ihm hörbar mampfend, schluckend oder schlürfend etwas mitteilt.)

Durch den in der Regel gleichen Ort wird das Essen zum Ritual. Man konzentriert sich auf den gefüllten Teller, anstatt sich etwas gedankenverloren in den Mund zu schieben, während man gleichzeitig anderen Beschäftigungen nachgeht, wie etwa Lesen oder Fernsehen. Beim bewussten Essen ist es leichter, das Sättigungsgefühl wahrzunehmen. Beim spannenden Krimi im Fernsehen hingegen kann es schon mal vor lauter Spannung passieren, dass man dieses Gefühl nicht wahrnimmt.

Kinder verfügen über noch keine ausreichenden Energiereserven. Zur Aufrechterhaltung des Blutzuckerspiegels sind kleine kohlenhydrathaltige Zwischenmahlzeiten wichtig. Verspüren Kinder zwischendurch Hunger, versuchen Sie, diesen erst mal mit einem Glas Milch oder Kakao, ein paar Nüssen oder einem Stück Obst zu stillen. Bei drei geregelten Mahlzeiten pro Tag, mit ein bis zwei zusätzlichen Zwischenmahlzeiten wie dem Pausenbrot vormittags und Obst oder Joghurt nachmittags, ist ein zusätzlicher Snack überflüssig. Nebenbei sei erwähnt, dass es aber auch Menschen gibt, deren Körper aufgrund ihres Stoffwechsels öfter etwas zu essen brauchen. Ich gehe in meinen Ausführungen vom Normalzustand aus.

Ich wundere mich oft, welche Unmengen an Proviant Mütter auf den Spielplatz schleppen, als ginge es auf eine mehrtägige Expedition. Sobald das Kind quengelt, hat es schon einen Bio-Dinkel-Haferkeks im Mund. Dabei muss das Quengeln nichts mit Hunger zu tun haben. Vielleicht ist das Kind verärgert, dass es nicht mit anderen spielen darf. Oder es ist ein klassischer Anflug von Langeweile. Ein Keks wird jedenfalls in keinem der beiden Fälle die Lösung des Problems sein. Dadurch wird dem Kind nur vermittelt, dass Essen die Antwort auf Schwierigkeiten aller Art ist.

In meiner Kindheit überfiel mich gelegentlich der kleine Hunger, den ich aber im Spiel mit anderen Kindern wieder vergaß. Sehr gut in Erinnerung ist mir der Hinweis meiner Mutter: »Jetzt gibt es nichts mehr, das Abendessen ist gleich fertig.« Als es dann endlich so weit war, schmeckte es umso besser.

Die Kinder werden heute durch verführerische Werbung und ihr näheres Umfeld, wie zum Beispiel in der Schule und bei Freunden, mit zahlreichen Versuchungen konfrontiert. Ein absolutes Snack-Verbot ist daher schwer durchzusetzen. Also gilt es, den goldenen Mittelweg zu finden. Sind die Eltern allzu streng, wollen die Kinder erst recht den angesagten Super-Schokoriegel haben. Außerdem wird das Kind in eine Außenseiterrolle gedrängt, wenn es nicht die gleichen Erfahrungen sammeln kann wie die Freunde. Ich bin trotzdem verärgert, wenn meine Tochter beim Abendessen nichts isst und ich später irgendwelche Keksbrösel oder Schokoladenpapierchen finde. Zum Glück kommt dies bei uns eher selten vor.

»Bloß kein Gemüse!«

Ein weiteres vielbesprochenes Thema unter Eltern – nach »Mein Kind isst nichts«– ist: »Mein Kind mag kein Gemüse.« Auch dieses »Problem« lässt sich am besten mit Gelassenheit überstehen. Gemüse ist ohne Zweifel gesund und enthält wichtige Vitamine, Mineral- und andere Mikronährstoffe. Dass manche Kinder kein Gemüse mögen, ist deshalb bedauerlich – aber nicht hoffnungslos. In vielen Fällen ändern sich die Vorlieben im Lauf der Jahre. Bis dahin können Kinder die erforderlichen Nährstoffe auch aus anderen Lebensmitteln wie Obst, Getreide und Milchprodukten bekommen.

Warum lehnen Kinder Gemüse ab? Im Gegensatz zu Obst schmeckt Gemüse in der Regel nicht süß. Kinder lieben von Natur aus Süßes. Sie folgen damit einem Urinstinkt. Die Muttermilch ist süß, und schon in der Vorzeit war der süße Geschmack, etwa von Beeren, ein Hinweis darauf, dass die Nahrung ungiftig und verträglich war. Dass herbere Geschmacksrichtungen durchaus auch gut schmecken, müssen Kinder erst lernen. Geduld ist dafür nötig – und vielleicht auch etwas elterliche Kreativität.

Sammelt Ihr Sprössling erste Erfahrungen mit unterschiedlichen Lebensmitteln, servieren Sie ihm diese möglichst pur, zum Beispiel pürierte Frühkarotten mit Butter, zu Beginn ohne Variationen. Dadurch können sich die Geschmacksnerven auf die eine Zutat konzentrieren.

Auch ich habe ein Exemplar der häufigen Spezies eines kleinen Gemüsemuffels zu Hause. Im Lauf der Zeit habe ich zweierlei gelernt: Eine hundertprozen-

tige »Medizin« dagegen gibt es nicht, aber einige Rezepte, die sich bei meiner Tochter – und den Kindern von Freundinnen – bewährt haben:

- *pürierte Soßen und Suppen, etwa Tomatensoße mit eingeschmuggelter Pastinake, Paprika und Karotte*
- *gerollte und überbackene Gerichte*
- *Bratlinge und Fleisch-Gemüse-Bällchen*
- *Geschnetzeltes mit viel Soße und kleinen Zucchiniwürfelchen (Rezept Seite 197)*
- *Bolognese mit zerkleinerten Sellerie- und Lauchstückchen*
- *Gemüsecremesuppen mit gerösteten Brotwürfelchen*
- *Kartoffelpüree gemischt mit pürierten Erbsen oder Kürbis*

Wenn es Ihnen geglückt ist, mit einem Trick Ihrem Kind die eine oder andere Speise näherzubringen, behalten Sie Ihr kleines Geheimnis für sich.

Für ganz kleine Kinder ist es wichtig und sinnvoll, wenn Kartoffeln und Gemüse ganz fein zu einem Brei zerdrückt werden. Etwas ältere Kinder lieben zwar die Vielfalt auf ihrem Teller, aber bitte schön getrennt voneinander. Auch diese Weise lernen sie nicht nur den Geschmack, sondern auch die verschiedenen Konsistenzen von Fleisch, Fisch, Kartoffeln und Gemüse zu unterscheiden. Eine eigene Erfahrung möchte ich noch mit einfließen lassen: Kochen Sie das Gemüse nicht zu weich, Kinder (genau wie Erwachsene auch) haben es gern, wenn man das Gemüse noch kauen kann.

Wenn Kinder gekochte Kohlrabi, Karotten oder Ähnliches ablehnen, ergreifen Sie Plan B und versuchen Sie es mit Rohkost! Nebenbei erwähnt ist das der ideale Snack für zwischendurch. Die meisten Kinder lieben knackiges Gemüse und sind fasziniert von den Farben. Kaum ein Kind wird einer Rohkostplatte widerstehen, auf der sich rote Radieschen und weiße Kohlrabischeiben abwechseln und orangefarbene Karotten- und grüne Gurkenstückchen, dekoriert mit schwarzen Oliven und gelben Maiskörnern, mit ihren interessanten Farbkontrasten um Aufmerksamkeit konkurrieren. Lassen Sie Ihr Kind bei der Vorbereitung des Rohkosttellers mitmachen und aus vielen bunten Zutaten lustige Gesichter legen. Oder man kann – und diese Variante gibt es öfter bei uns – mit Keksausstechern aus Gurken und Karotten Herzchen, Fische oder Blumen machen, diese werden dann mit Hingabe auf ein Käsebrot gelegt.

Nutzen Sie die kräftigen Farben mancher Gemüsesorten, wenn Sie Ihren Kindern gesundes Essen anbieten. Seit Mariettas frühester Kindheit steht die Kürbissuppe mit ihrer orangefarbenen Fröhlichkeit ganz oben auf der Hitliste ihrer Lieblingsgerichte. Sie war im Übrigen für Marietta verträglicher als Karottensuppe, da Marietta auf gekochte Karotten allergisch reagierte.

Mariettas Kürbissuppe

Für 4 Portionen:
1 kg Hokkaidokürbis
300 g Kartoffeln
50 g Gemüsezwiebel
1 EL Öl
1 kl. Petersilienwurzel
800–1000 ml Geflügelfond oder Gemüsefond
mildes Currypulver
Salz, Pfeffer
1 Schuss Sahne (optional)

Die Zwiebel, die Petersilienwurzel und die Kartoffeln schälen, den Kürbis halbieren, ebenfalls schälen. Alle Zutaten in kleine Würfel schneiden. Je kleiner die Stücke, desto kürzer die Kochzeit. In einem Topf die Zwiebel mit einem Löffel Öl anbraten, die Kartoffel-, Petersilienwurzel- und Kürbisstücke zufügen, ebenfalls kurz anbraten. Dann mit dem Fond ablöschen und auf kleiner Flamme weich köcheln. Sind alle Zutaten weich, mit dem Pürierstab die Suppe fein pürieren. Mit Currypulver, Salz, Pfeffer abschmecken. Eventuell Sahne zufügen. Als Einlage eignen sich Würstchenscheiben oder Stücke von geräucherter Lachsforelle.

Wir als Eltern wissen, wie wichtig gesundes Essen für die Entwicklung unserer Kinder ist. Die wenigsten aber werden wir damit im Sturm erobern. Lassen Sie sie regelmäßig zwischen frischem Brot, Salat, Rohkost, Reis beziehungsweise Nudeln oder Kartoffeln wählen, irgendwann werden auch die Kohlrabistückchen getestet, auch wenn sie vorher vielleicht fünfzigmal verschmäht wurden. Kinder sind auch in diesem Bereich konservativ. Sie nähern sich unbekannten Lebensmitteln mit einer Portion Skepsis.

Lassen Sie die Kinder ihre Wahl freiwillig treffen und vor allem ohne Druck.

Druck wird von Eltern, oft unbewusst, vor allem im Zusammenhang mit Gesundem ausgeübt. Da spielen sich bisweilen die merkwürdigsten Situationen ab: »Ein Löffelchen für Mama, eins für den Papa ...«, oder die Gabel mit dem Gemüsestück zieht wie eine Propellermaschine durch die Luft, begleitet von tiefem Brummen aus Mutters oder Vaters Kehle, um dann (hoffentlich) einen Landeplatz im Mund des Kindes zu finden. Jeder kennt diese Spielchen.

Wie auch immer, Tricks, mit denen das Kind zum Essen bewegt werden soll, mögen vielleicht für den Moment von Erfolg gekrönt sein: Das Gemüse wird mit Todesverachtung geschluckt. Was wir eigentlich erreichen wollen, nämlich das Kind für Grünfutter und gesunde Ernährung zu begeistern, wird uns auf diesem Weg jedoch nicht gelingen.

Essen, Lebensmittel und ihre Zubereitung haben in meiner Familie immer eine große Rolle gespielt. Ich versuche, meine Tochter ebenso in diesem Bewusstsein aufwachsen zu lassen. Die gemeinsame Mahlzeit ist ein schönes Ereignis in unserem Tagesablauf, das wir beide genießen. Marietta findet Essen und die Welt darum spannend. Zwischendurch probiere ich gern neue Rezepte aus. Marietta ist ein kritischer Tester und fragt nach, in welchem Land dieses Gericht gegessen wird, mit welchem Gewürz ich es besonders mag und welche anderen Zubereitungen es gibt. Ich frage sie gern nach ihrer Meinung, die noch so unvoreingenommen und spontan von ihr geäußert wird.

Ich bin überzeugt, dass ein Kind schwer Zugang zum Thema Essen findet, wenn es unsere Erwartungshaltung spürt. Oder wenn die Eltern selbst wenig Freude am Essen haben – obwohl es, so empfinde ich jedenfalls, doch in erster Linie ein interessantes, wohltuendes und genussvolles Erlebnis ist.

Und führe mich nicht täglich in Versuchung ...

»Man kann allem widerstehen, nur nicht der Versuchung!«
Oscar Wilde

Kulinarische Versuchungen sind allgegenwärtig. Wenn man durch die Stadt geht, schafft man kaum zehn Schritte zwischen den vielen »kulinarischen« Angeboten: von Würstl über Pizza, Hamburger, Brathähnchen und Döner bis hin zur Butterbrezen, gebrannten Mandeln, Popcorn und Softeis. Selbst als Erwachsener kann man sich dem Duft von frischen Waffeln nicht immer entziehen. Einem Kind fällt das natürlich erst recht schwer. Ein Grund, warum wir uns gemeinsam mit unseren Kindern kritisch mit derartigen Verlockungen auseinandersetzen sollten, ist, dass sie lernen, zwischen den verschiedenen Qualitäten der Snacks zu unterscheiden. (Von denen einiges in dieser Hinsicht nicht zu empfehlen ist.)

Ein weiterer Punkt: Das anonyme, moderne Essen und Trinken to go wirkt sich nicht besonders günstig auf unsere alltägliche Tafelrunde aus.

Fast Food war in unserer Familie tabu. Meine Mutter hatte mir auch einleuchtend erklärt, warum diese Art von Gastronomie für sie ein rotes Tuch war. Dennoch wollte in mir der Wunsch nicht verstummen, auch einmal zu McDonald's zum Essen zu gehen. Im Nachhinein gesehen, ging es mir dabei weniger um das kulinarische Erlebnis als um die soziale Komponente. Schließlich pilgerten meine Klassenkameraden mehrmals in der Woche dorthin.
Als ich eines Tages nach einem schmerzhaften Arztbesuch einen Wunsch frei hatte, sollte dieser lang gehegte Traum endlich in Erfüllung gehen. Ich bestellte eine große Portion Pommes und eine Fanta. Und was soll ich sagen – die Fritten waren okay, aber der Gesamteindruck in dieser sterilen Atmosphäre war für mich so unbehaglich, dass ich nie wieder Lust hatte, eine Filiale des »Wirtshauses zum goldenen M« zu besuchen. Deshalb werde ich wohl nie erfahren, wie es ist, in einen BigMac oder Whopper zu beißen. Meine Tochter hat diese Erfahrung übrigens auch mehrmals gemacht und dann festgestellt, dass Mama die Speisekarte des Schnellrestaurants zu Hause nachkochen kann und – oh Wunder! – es da sogar besser schmeckt!

Erstaunt verfolgte ich kürzlich eine Diskussion zwischen Eltern von Schulkindern, bei der es darum ging, ob Eltern ihren Kindern Süßigkeiten geben dürfen oder nicht. Manche Eltern (ich gehöre auch zu ihnen) kaufen Süßigkeiten, die sie dann verstecken. Der Hintergrund für meine Strategie ist, dass ein absolutes Verbot unendliches Verlangen erzeugt. Deshalb gibt es ein großes Glas, in dem sich eine Auswahl an Schokolade, Gummibärchen etc. befindet. Nach dem Essen fischt Marietta sich zwei Sachen heraus und verspeist diese andächtig.

Mariettas liebste Freundin Nina ist ein absoluter Schokoholic. Für ein Stückchen dieses braunen Glücks ist ihr kein Weg zu weit und kein Regal zu hoch. Im zarten Alter von drei Jahren war das Verlangen nach Schokolade so groß, dass Nina in der Speisekammer auf abenteuerliche Weise drei Stühle aufeinanderstapelte, um an die Tafel zu kommen, die ganz oben im Regal lag. Als ihre Mutter sie dabei erwischte, war sie ganz empört und rief: »Ach komm, Mama, ich hab doch noch gar nicht angefangen zu schokoladen!«

Wie schon gesagt, Süßigkeiten sollten kein Tabu zu Hause sein. Sonst werden die Kinder Wege finden, sich diese heimlich zu besorgen. Warum sollte ein Kind zwischendurch nicht auch etwas Süßes bekommen? Mit bewusstem Umgang und in Maßen gibt es nichts dagegen einzuwenden. Dieses muss aber von uns Eltern gesteuert werden.

Ebenso wenig lassen sich die beliebten und sehr zuckerhaltigen Limonade- und Softgetränke verbieten. Beschränken Sie diese süßen Getränke lieber auf bestimmte Gelegenheiten. Zu Hause gibt es sie zwar nicht, aber im Restaurant oder bei Familienfesten sind sie mal erlaubt.

Freunde und Verwandte habe ich gebeten, auf Süßigkeiten-Mitbringsel für Marietta zu verzichten und lieber durch andere Kleinigkeiten wie Bücher, Comics oder Studentenfutter zu ersetzen.

Wecken wir doch die Lust unserer Kinder, neue Gerichte auszuprobieren, und führen sie an unterschiedliche Köstlichkeiten heran.

In der Familie Witzigmann gehörte Essen und alles, was dazugehörte, zum Lebensmittelpunkt. Meine Eltern beschäftigte das Thema sehr, und deshalb wurde viel darüber gesprochen. Wir Kinder profitierten von den Unterhaltungen meiner Eltern, dadurch wuchs ganz selbstverständlich auch das Interesse in uns. Schmeckte es? Wie schmeckte es? Für meinen Vater war die Qualität das A und O, und wir wussten früh, woran ein gutes und frisches Produkt zu erkennen war. Meine Mutter, die eine begeisterte Anhängerin der ganzheitlichen Ernährung war, beschäftigte sich viel mit Heilnahrung. Eine Zeit lang hatten es ihr die Rezepte der Hildegard von Bingen angetan. Sie erklärte uns, welche Heil- und Inhaltsstoffe in den einzelnen Gerichten steckten. Der Grießbrei entwickelte sich in unserer Familie zur Liebes- und Trostspeise schlechthin, die in jedem Fall von Unwohlsein, Krankheit oder zur Prophylaxe gekocht wurde – in der Dinkelversion versteht sich! Selbst mein Vater aß zwischendurch ein Schüsselchen, auch wenn er meine Mutter mit vorgespieltem Interesse und einem Schmunzeln fragte: »Und wofür ist Dinkel noch mal gut?«

Sie denken jetzt vielleicht, wir hätten in der Kindheit unzählige exquisite Gerichte und mehrere Gänge serviert bekommen. Dem war nicht ganz so. In der Freizeitküche meiner Eltern waren die ausgesuchten Grundnahrungsmittel wichtig. Ein schöner Satz, den mein Vater einmal sagte, lautet: »Das Produkt ist der Star in der Küche.«

Zu meinen Lieblingsgerichten zählten damals Gulaschsuppe, Palatschinken mit Aprikosenmarmelade, gefüllte Paprika und Käsespätzle mit Röstzwiebeln – aber es kamen auch viele andere Kompositionen auf den Tisch. Für meinen Bruder und mich war Essen immer ein Erlebnis, und wir lernten den natürlichen und ursprünglichen Geschmack vieler Lebensmittel kennen – eine hervorragende Schulung für unsere kindlichen Gaumen.

Mamas Käsespätzle

Für 4 Personen:

Für den Teig:

600 g Mehl

4 Eier

¼ l Wasser

Salz

Muskatnuss

6 mittelgroße Zwiebeln

Butter

250 g Emmentaler und 250 g Gruyère (reiben und mischen)

Die Zwiebeln in Ringe schneiden und langsam in geschmolzener Butter hellbraun anbraten. 3 l gesalzenes Wasser in einem großen Topf zum Kochen bringen. Mehl, Eier, Wasser in eine Schüssel geben und mithilfe eines Schneebesens zu einem glatten Teig rühren. Der Teig sollte zähflüssig vom Löffel laufen. Portionsweise in den Spätzlehobel füllen und ins kochende Wasser reiben. Die Spätzle abschöpfen, sobald sie oben schwimmen. In eine Auflaufform die erste Ladung Spätzle füllen, mit Käse und einigen Zwiebelringen bestreuen. So schichten, bis die Form gefüllt ist. Die gefüllte Form in den auf 180 Grad vorgeheizten Ofen stellen und backen, bis der Käse goldbraun ist.
Bei uns gab es dazu Kopfsalat mit einer Senf-Vinaigrette.

Schulung ist dabei ein viel zu strenges Wort für die vergnüglichen Erfahrungen, die man beim Genusstraining machen kann. Es bedeutet hier: kennenlernen, üben, ausprobieren – und dazu gehören auch Experimente mit mal weniger kulinarischem Hintergrund. Gekocht und gebacken habe ich immer schon gern, als Grundschulkind zählte zu meinen größten Schätzen ein elektrischer Puppenherd. Anhand zahlreicher Experimente entstand mein erstes Rezept für Käsekuchen, der im Ofen gebacken wurde. Der Backofen erfüllte zwar seinen Zweck, Geschmack und Konsistenz des Blechkuchens waren jedoch durchaus steigerungsfähig.

Richtig schlimm erwischte es zuweilen meinen Bruder Max, denn er war mein Versuchskaninchen, wenn ich kochte. Und ich war ziemlich streng mit ihm, er musste alles aufessen. Gemocht hat er meine Schinkennudeln und Palatschinken. Sogar mein Schnitzel mit Reis aß er tapfer, obwohl das Schnitzel anfangs außen auch mal verbrannt und innen noch roh war. Manchmal war auch seine Geduld am Ende, dann rief er unseren Vater im Restaurant an und beschwerte sich.

Essen – ein geeignetes Trostpflaster?

Kürzlich beobachtete ich eine Szene, wie man sie häufig sieht. Eine Mutter war mit ihrem kleinen Sohn auf dem Markt. Das Kind sah eine Taube, stürmte auf sie zu, stolperte, stürzte und fing vor Schmerz und Schreck über sein blutendes Knie laut zu schreien an. Die Mutter nahm den Jungen auf den Arm, betrachtete die Wunde und versprach ihm zum Trost ein Eis.

Sicher war die Mutter liebevoll und voller Anteilnahme, und das Eis trug bestimmt zur Beruhigung bei. Ein Eis oder eine Süßigkeit als »Trostpflaster« ist allseits akzeptiert. Aber der Zusammenhang zwischen Schmerz und Kummer einerseits und Essen als Trost andererseits sollte nicht immer und automatisch hergestellt werden. Wenigen Eltern ist bewusst, was sich aus diesem Automatismus für die Zukunft entwickeln kann: Kindern wird so die Möglichkeit genommen, sich mit ihrem Schmerz und Kummer auf vielfältige Art und Weise auseinanderzusetzen. Die Aufgabe der Eltern bestünde darin, dem Kind unterschiedliche Lösungswege aufzuzeigen, die seinem Charakter entsprechen. Der eine braucht Zeit, um über sich nachzudenken, der andere betätigt sich sportlich, der Nächste visualisiert die Lösung. Und das Stück Schokolade sollte nur ein schmückendes Beiwerk sein ...

Auf einen Blick: Kein Stress am Esstisch

Ohne Frage trägt die gemeinsame regelmäßige Mahlzeit zu einem harmonischen Familienleben bei. Schwierige und belastende Themen besprechen Sie besser zu einem späteren Zeitpunkt, fernab des Esstisches. Lassen Sie eine gewisse Portion Gelassenheit walten, wenn es darum geht, Ihrem Kind die Vorzüge und den Genuss gesunden Essens näherzubringen. Wecken Sie die Lust und Neugier durch ein tägliches Anbieten vielfältiger Lebensmittel. Kalorienhaltige Snacks und viel Zucker sollten im täglichen Speiseplan eine Ausnahme sein. Schließen Sie gelegentliche Kompromisse, anstatt etwas generell zu verbieten. Somit wird ein regelhafter Umgang auf natürliche Weise erlernt.

Die Familienrunde als Ort des Genießens

Essen ist ein Bedürfnis, Genießen eine Kunst.
François Duc de La Rochefoucauld

Und die Liebe geht durch den Magen

Vielleicht liegt es an den vererbten Genen, aber für mich ist eine sorgfältig gekochte Mahlzeit eine Art von Liebesbeweis. Ich nehme mir die Zeit, plane und mache mir Gedanken, um anderen Personen (und auch mir) ein schönes Erlebnis zu bereiten.

Dieser »Beweis« lässt sich auf viele Arten erbringen. Dazu gehört das romantische Candle-Light-Dinner für zwei genauso wie das große Sonntagsfamilienessen, festliche Hochzeitsfeiern, der Geburtstagskuchen oder der Zwiebackbrei fürs Baby.

Weitere unzählige Beispiele ließen sich aufführen, die die enge Verbindung zwischen Gaumenfreude und der damit ausgedrückten Liebe darstellen.

Mein Vater war wegen der Arbeit, die das Führen eines Drei-Sterne-Restaurants bedeutet, wenig zu Hause. Er hatte nicht viel Zeit für uns Kinder, aber er rief uns jeden Tag an, um auf dem aktuellsten Stand zu sein. Die erste Frage galt meist dem Essen, ob wir schon gegessen hatten und ob es auch geschmeckt hatte. Dann erst wurde über die Schule und andere Alltagsdinge gesprochen.

Welche enge Beziehung Essen und Fürsorge für ihn haben, zeigt folgende Episode: Er erzählte mir, dass er einen kleinen Vogel gefunden hatte, der aus dem Nest gefallen war und seinen Balkon als neue Heimat ins Auge gefasst hatte. Seine Ratlosigkeit, wie er dem Vögelchen helfen konnte, dauerte jedoch nicht lange an. Auf die Frage »Und, was hast du dann mit ihm gemacht?« antwortete er: »Ich habe mir überlegt, mit was ich ihn füttern könnte.« Und das ist eine typische Reaktion meines Vaters: Erst einmal etwas Gutes in den Magen, der Rest kommt dann auch in Ordnung.

Fast denke ich gern daran zurück, wenn ich als Kind krank war, denn dann gab es Mamas Verwöhnprogramm. Ich lag im Wohnzimmer auf dem Sofa, eingehüllt in eine Decke, vor mir stand ein Tablett, das nach meinen Wünschen befüllt war. Diese waren natürlich je nach Krankheitsbild unterschiedlich. Hatte ich einen Magen-Darm-Infekt, gab es geriebenen Apfel mit Zimt. Bei einer normalen Grippe weckte eine lang gekochte Hühnersuppe mit Grießnockerln die Lebensgeister. Auf dem Weg der Besserung stellte sich bei mir immer ein unendliches Verlangen nach Spaghetti bolognese ein. Keiner konnte diese so gut kochen wie meine Mutter, und der Appetit darauf war immer ein Garant dafür, dass ich auf dem Weg der Besserung war.

Diese Speisen waren mindestens zur Hälfte daran beteiligt, dass wir wieder schnell gesund wurden.

Es gab noch einige andere Gelegenheiten, zu denen unsere Eltern mit einer Kleinigkeiten zeigten: Wir denken an euch, auch wenn wir gerade nicht da sind. Sonntag war der erste freie Tag nach einer langen Woche und wurde von meinen Eltern genutzt, um etwas länger zu schlafen. Normalerweise sind Kinder nicht besonders glücklich darüber. Doch unsere Eltern hatten einen kleinen Trick: Sie hatten Max aus dem Restaurant seine heiß geliebten Schweinsohren aus Blätterteig mitgebracht und in Alufolie verpackt vor die Kinderzimmertür gestellt. Max nahm das kostbare Päckchen, schlüpfte damit in mein Bett und teilte dort großzügig dieses Geschenk mit mir.

Gemeinsam kochen macht Spaß und stolz

Erste spannende Erfahrungen zum Thema »österreichische Hausmannskost« sammelten mein Bruder und ich bei meiner Großtante Steffi in der Steiermark. Sie kochte und backte wunderbare Sachen. Eines unserer absoluten Lieblingsgerichte waren ihre »Kärntner Nudeln«. Sie bestanden aus Kartoffelteig und waren ähnlich wie Ravioli, nur die Füllung bestand aus Topfen und Minze, in der Herstellung irrsinnig aufwendig, aber unendlich gut, davon schaffte jeder locker zehn bis fünfzehn Stück. Das Besondere an Tante Steffi war aber, dass wir immer mitkochen durften. Wenn es Apfelstrudel gab, schlugen wir mit Leidenschaft den Strudelteig auf die Arbeitsplatte, und die Marillen – für die weltbesten Marillenknödel – füllten wir voller Hingabe mit Würfelzucker.

Auch bei vielen anderen Gelegenheiten durften wir Kinder helfen. Schon immer hatte ich eine besondere Schwäche für Desserts, die leider bei uns zu Hause immer etwas zu kurz kamen. Umso größer war die Begeisterung, als ich im Alter von drei oder vier zusammen mit meinem Vater eine von ihm kreierte 1-2-3-Schokoladenmousse zubereiten durfte.

1-2-3-Mousse von Schokolade - gekocht mit meinem Papa

Für 4 Personen:
40 g Vollmilchschokolade
40 g Zartbitterschokolade
330 g gekühlte Sahne
½ Blatt (0,5 g) Gelatine
1 EL Sahne

Vollmilch- und Zartbitterschokolade in einem Wasserbad schmelzen. Sahne mit dem Mixer nicht zu fest aufschlagen. Gelatine in kaltem Wasser einweichen. Mit 1 TL Wasser die Gelatine auflösen und mit 1 EL

Sahne mischen. Die handwarme Schokolade unter die Sahne rühren, dann die aufgelöste Sahne-Gelatine-Mischung unterrühren. In Gläser füllen. Kann mit Beeren oder Orangenfilets geschichtet werden. Zur Weihnachtszeit zerbrösle ich zwei Lebkuchen (ohne Glasur) und gebe einen Löffel davon auf den Boden des Glases oder der Form, auf die dann die Schokoladenmousse gegossen wird.

Natürlich ließ auch unsere Mutter uns mitbacken und -kochen. Wie für viele Kinder war das Backen in der Vorweihnachtszeit ein besonderes Highlight. Den Teig kneten, ausrollen, Keksformen ausstechen und auch mal vom Teig naschen. Wunderbare Tätigkeiten, die Kinder mit großer Begeisterung ausführen. Vanillekipferl sind unser Familiengebäck, für die Herstellung ist meine Mutter zuständig. Auch für die Verteilung, es gibt sie abgezählt in Dosen.

Kochen gehörte zu unserem Leben und wurde als etwas ganz Selbstverständliches betrachtet. Irgendwann bekam ich Lust, auch selbst einmal etwas zu kochen. Um mich herum gab es genügend Vorbilder, und jedes inspirierte mich unbewusst.

Sie können sich vorstellen, dass es eine nicht ganz einfache Aufgabe war, etwas für meinen Vater zu kochen. Und dennoch verspürte ich immer den Wunsch, auch für ihn mal etwas zuzubereiten. Als Kind kochte ich ihm gern Kaffee, den er am liebsten stark trank. Meiner war, glaube ich, immer etwas zu stark, denn er wurde zwar getrunken, allerdings mit viel Zucker und Sahne. Später lud ich Vater einmal in meine erste Wohnung ein und wagte ein größeres Experiment. Eine Ente im Ganzen gebraten mit Knödeln. Als er dann endlich kam, stand ich mit hochrotem Kopf und ungeeignetem Werkzeug in der Küche und kämpfte mit dem Vogel, dabei vergaß ich die Knödel, die sich mittlerweile zu Brei verkochten. Mein Vater nahm es entspannt und teilte zuerst das Geflügel, das wir dann rustikal mit Baguette gegessen haben.

Manchmal höre ich von genervten Eltern, dass ihre Kinder in der Küche und im Haushalt einfach nicht mithelfen wollen. Dabei seien sie doch nun wirklich in dem Alter, in dem man etwas Unterstützung von ihnen erwarten könne. Ich glaube, »unterstützende Kinder« fallen nicht vom Himmel, sondern sie entwickeln sich, und zwar von klein auf. Kleine Kinder in Küchenarbeiten einzubeziehen erfordert Geduld und Zeit, und die fehlt häufig. Als Mutter kenne ich den Impuls sehr gut, Arbeiten selbst zu erledigen, weil das viel schneller geht. Gerade wenn man unter Zeitdruck steht, fällt es schwer, die Kleinen machen zu lassen.

Kinder lernen jedoch nur durch Übung. Es macht ihnen Freude, wenn die ersten Koch- und Backversuche geglückt sind. Der selbst gemachte Pudding, der der Familie zum Nachtisch serviert wird, erzeugt beim kleinen Künstler tiefe Befriedigung. Kinder sind stolz darauf, bei gemeinsamen Aktivitäten einen wichtigen Teil zum Ganzen beitragen zu können.

Wie können Eltern mit wenig Zeit ihre Kinder bei der Vorbereitung helfen lassen? Eine Möglichkeit ist, einen festen »Küchentag« in der Woche beziehungsweise am Wochenende einzurichten. Das samstägliche Ritual, auf den Markt zu gehen, frische Lebensmittel auszuwählen und diese dann zusammen zuzubereiten, ist für die meisten Kinder ein Vergnügen. Jedes Kind kann seinem Alter und seinen motorischen Fähigkeiten entsprechend mitmachen. Es kann kleine Handlangertätigkeiten ausführen oder die Verantwortung für einen Gang übernehmen. Geschwister können sich Aufgaben teilen oder jeweils eigene Gerichte zubereiten.

Bei alldem sollte aber gelten: Jedes Kind beteiligt sich freiwillig und entscheidet selbst, was es übernimmt. Die Aufgaben in der Küche sollten spannend sein und Freude machen. Falls das Kind die Lust oder den Mut verliert, können die Eltern helfen und ihm zur Hand gehen, damit die Arbeit abgeschlossen wird. Denn auch dies ist eine wichtige Erfahrung: Dinge, die man einmal begonnen hat, werden zu Ende geführt.

Kinder haben unterschiedlich viel Lust. Mal sind sie hoch motiviert, mal völlig desinteressiert. Das hängt von ihrer Entwicklung ab und auch von der elterlichen Geduld oder Ungeduld. Mit meiner Tochter Marietta habe ich dann die erfolgreichsten Küchenerlebnisse, wenn ich mich auf ihr Tempo einstelle (was leider nicht immer klappt, da es in unserem straff durchgeplanten Alltag oft schnell gehen muss).

Hoch motiviert war Marietta, als sie mir zum Geburtstag einen Kuchen gebacken hatte und mich an diesem Tag mit einem schönen Abendessen verwöhnen wollte. »Nicht nur so langweilig Kartoffeln schälen und Salat waschen«, sondern richtig kochen wollte sie. Sie zauberte ein flaumiges Rührei. Obwohl sie sich beim Herausnehmen des Eis am Pfannenrand verbrannte, war sie über das gelungene Geburtstagsessen ganz stolz. Erfolgserlebnisse dieser Art werden dann telefonisch an den Opa Eckart übermittelt.

Solange Eltern selbst gern kochen und in der Küche hantieren, entwickeln die Kinder wahrscheinlich ähnliche Interessen. Ihnen ist es wichtig, mit den Eltern zusammen zu sein und mitzumischen. Wir dürfen nicht vergessen: Wir Eltern sind das Vorbild, an dem unsere Kinder sich orientieren – in dem, was sie mögen, ebenso wie in dem, was sie nicht mögen.

Eine familiäre Sternstunde erlebe ich immer, wenn unser Vater meinen Bruder und mich zum Essen zu sich nach Hause einlädt. Weil wir am Ende immer mit vollen Bäuchen aus dem Haus kugeln, faste ich schon Tage vorher.
Wenn ich schließlich am frühen Abend mit knurrendem Magen und einem Mordshunger in seine Wohnung komme, steht dann aber nicht schon etwa das Essen auf dem Tisch. Nein, nein. Mein Vater öffnet erst mal in aller Seelenruhe den Kühlschrank, reibt sich die Hände und sagt genüsslich zu sich selbst: »So, was machen wir denn heute Schönes?« Und dann kann die Witzigmann'sche Küchenparty beginnen. Wir kochen alle zusammen. Mein Bruder wird zum Kräuterchef ernannt, während mir wichtige Tätigkeiten wie Gemüseputzen und Tischdecken zugeteilt werden. Doch diese Aufgaben sind reine Hilfsar-

beiten. Denn im Grunde kocht nur einer: mein Vater. Es ist jedes Mal eine wahre Freude, ihm dabei zuzusehen, wie er mit leuchtenden Augen am Herd steht. Ist der erste Gang fertig, setzen wir uns an den gedeckten Tisch und genießen zusammen die dampfende Köstlichkeit. Erst danach wird weitergekocht. Das dauert bis tief in die Nacht. Am Ende sind wir zwar alle völlig platt, aber gleichzeitig auch wahnsinnig glücklich über einen wunderbaren Abend. Am allermeisten freut sich mein Vater über diese intimen Koch-Sessions. Denn für die Familie zu kochen bedeutet für ihn das Höchstmaß an Fürsorge.

Wer in der Familie die Erfahrung gemacht hat, dass das gemeinsame Zubereiten einer Mahlzeit die Gemeinschaft stärkt, Spaß macht und auch noch kulinarischen Genuss verspricht, führt eine solche Tradition gern weiter oder entwickelt eigene Inszenierungen. Mein Bruder Max und seine Frau haben beispielsweise eine sehr charmante Idee entwickelt. Sie laden mehrere Leute zum gemeinsamen Essen ein. Max ruft dann an und sagt: »Wir wissen zwar noch nicht, was es gibt, aber kommt einfach vorbei.« Dann wird ein großer Topf mit Nudeln auf den Tisch gestellt, oder jeder bringt etwas mit, es wird zusammen gekocht. Es geht dort sehr spontan und lustig zu, und das Kochen selbst macht mindestens so viel Spaß wie das gemeinsame Essen danach. Dabei geht es nicht um aufwendige, stundenlange Kocherei, sondern eher um ein geselliges Beisammensein.

Koch- und Backpartys mit Familie und Freunden

Einmal im Jahr, vor Weihnachten, treffe ich mich mit einigen Freundinnen zum *Plätzchenbacken.* Jede bringt ihr Lieblingsrezept mit, und nacheinander bereiten wir die doppelte Menge an Teig vor. Dieser Backnachmittag ist bei uns sehr beliebt, es gibt Glühwein, man kann dabei mal wieder in aller Ruhe quatschen, die Weihnachtsbäckerei ist mit einem Schlag erledigt, und die Sortenauswahl an Weihnachtskeksen ist ausgesprochen vielseitig.

Solche Nachmittage können Sie auch mit Ihren Kindern und deren Freunden veranstalten. Mein Tipp: Machen Sie dann nicht mehr als zwei Rezepte. Sehr beliebt sind zum Beispiel gefüllte Spitzbuben und verzierte Lebkuchen. Viel Spaß macht auch eine *Küchenparty*, bei der Teams ausgelost werden, die gemeinsam ein ebenfalls per Losentscheid festgelegtes Gericht kochen. Jedes Team zieht ein Los und erfährt seine Aufgabe: zum Beispiel dass es für das Hauptgericht (und welches) verantwortlich ist, für die Vorspeise, das Dessert oder auch für den Tischdienst. Die Zutaten für die einzelnen Speisen haben wir zuvor eingekauft, und auch für einen Fundus an Tischdekoration ist gesorgt.

Übrigens eignet sich die per Los gesteuerte Küchenparty bestens auch für Leute, die sich (noch) nicht kennen. Am Ende des Abends ist garantiert das Eis geschmolzen.

Mitmachen erwünscht

Gerade weil in meiner Familie unser Vater der Herr der Töpfe war, wundert mich sehr, dass die Männer im Allgemeinen das Spielfeld am heimischen Herd den Frauen überlassen. In der Gastronomie sind die Männer ja immer noch ganz stark in der Überzahl. Frauen sind zwar immer mehr erwerbstätig, doch die Beteiligung der Männer in Sachen Hausarbeit ist eher verhalten. In mehr als drei Vierteln aller Haushalte helfen Männer einer Umfrage zufolge so gut wie nie mit.

Ich finde, da entgeht ihnen was. Allem voran die Freude über ein toll gezaubertes Mahl, das der ganzen Familie schmeckt. Die Entspannung, die sich während des Kochens einstellt, als Kontrastprogramm zum Berufsleben. Und auch die Kreativität, die dieses Hantieren in der Küche mit sich bringt. Oder auch das gemeinsame Vergnügen, miteinander zu kochen.

Solange überwiegend die Mutter für Küche und Haushalt zuständig ist, wird den Kindern ein recht einseitiges Modell vorgelebt. Sie kopieren ihre elterlichen Vorbilder, von denen sie das Signal erhalten: Küchenarbeit ist mühsam und nur was für Frauen. Das Ergebnis kennen wir: Kinder und Jugendliche engagieren sich heutzutage immer weniger in diesem Bereich, mit dem Resultat, dass sie Grundkenntnisse über Ernährung und Kochen kaum noch erlernen. Ohne die praktischen Erfahrungen in den Familien sieht manch ein unbeholfener Betroffener keine andere Lösung, als zum Fertigprodukt zu greifen.

Damit Küchenarbeit nicht ausschließlich an den Damen des Hauses hängen bleibt, sind zunächst die Väter gefragt.

Durch eine Absprache der Eltern, wer sich in welchen Aufgabenbereich einbringt beziehungsweise diesen übernimmt. Möglicherweise entdeckt der Vater sein Talent für Salatvariationen, und die Mutter wird zur Gemüsekönigin. Wenig sinnvoll ist, dass Mütter aus Ungeduld und weil sie glauben, es ja doch am besten zu können, Aufgaben schnell selbst erledigen.

Bei einer partnerschaftlichen Aufgabenverteilung zwischen den Eltern ist der Sinn für Kinder leichter nachvollziehbar, und es fällt ihnen leichter, Pflichten zu übernehmen. Das kann sich auf die Kochvorbereitungen oder auch andere Aufgaben beziehen. Klassiker sind das Tischdecken, das Abräumen und die Handgriffe, die nötig sind, um die Gerichte in Töpfen oder Schüsseln zu servieren.

Auch hier ist Ihre Geduld gefordert, denn so manches Mal hat der kleine Küchenlehrling keine Lust oder sieht nicht ein, warum er sich immer die gleiche Mühe machen soll. Früher habe ich gegen das Tischdecken rebelliert und erlebe dieses Phänomen bei meiner Tochter ebenfalls gelegentlich: Ist doch egal, ob die Milch in der Tüte oder im Milchkännchen auf den Tisch kommt. Ist doch egal, ob Messer und Gabel ordentlich neben dem Teller liegen oder beliebig über den Tisch verteilt sind. Ist doch egal ... – Nein, ist es nicht!

Bei mir hat es auch gedauert, bis ich den tieferen Sinn eines gedeckten Tischs erkannt habe, bis ich verstanden habe, dass dies mit Respekt zu tun hat – gegenüber der Mahlzeit und gegenüber allen, die daran teilnehmen. Deshalb wiederhole ich gebetsmühlenartig: Nein, Marietta, es ist nicht egal. Irgendwann – so hoffe ich – wird sie es begreifen, und bis es so weit ist, bestehe ich einfach darauf, dass sie ihre kleinen Aufgaben gut erfüllt.

Für Eltern und Kinder ist die Einhaltung von Regeln und Ritualen leichter, wenn auf diese auch in Schulen und Horten geachtet wird. Kinder werden in den ersten drei Lebensjahren am stärksten geprägt. Die Prägungsphase der ersten drei Lebensjahre ist am nachhaltigsten. Mit viel Mühe und Engagement versuchen wir Werte zu vermitteln. Später dann verbringen sie die meiste Zeit des Tages in Kita, Schule oder Hort.

In der Schule meiner Tochter gibt es verschiedene Dienste. Es gibt die »Austeiler«, die »Essensholer«, den »Serviettendienst« und dergleichen mehr. Die Kinder erledigen ihre kleinen Aufgaben mit Stolz und großer Selbstverständlichkeit. Eine gute Koordination zwischen Schule, Hort und Elternhaus würde auch die Familien(mahl)zeit unterstützen. Das setzt allerdings voraus, dass die Betreuungspersonen auch Freude und Interesse an Tischkultur haben und diese den Kindern vermitteln.

Die Sinne von klein auf schulen

Wenn Menschen sich an den Geschmack von Produkten mit künstlichen Aromastoffen gewöhnt haben, werden diese oft dem ursprünglichen Produkt vorgezogen. Die Geschmacksnerven werden durch die aromatisch behandelten Lebensmittel einseitig beeinflusst.

Wir sollten die Geschmacksnerven unserer Kinder anregen, indem wir sie sensibilisieren. In anderen Bereichen legen wir größtes Augenmerk darauf, die Sinne schon in frühen Lebensphasen zu schulen.

Von klein auf werden zum Beispiel das kindliche Ohr im Musikunterricht, die Augen und das ästhetische Empfinden in Mal- und Töpferkursen geschult. Warum also nicht auch ein Training für Geschmacksempfindung? Ein schöner Aspekt ist, dass wir als Eltern diesen »Kurs« selbst gestalten und fördern können.

Das Kind entdeckt ein großes Angebot der unterschiedlichsten Geschmacksrichtungen. Die Geschmacksnerven eines kleinen Kindes sind prägbar. Erst im Lauf der Zeit entwickeln sich Vorlieben, und zwar meist dem kulturellen und familiären Hintergrund entsprechend. Ein tibetisches Kind gewöhnt sich an eine Ernährung mit Yak-Fleisch und Buttertee, ein Eskimokind an getrockneten Fisch und Lebertran, und ein deutsches Kind ... nun ja, an das, was seine Eltern ihm anbieten.

Wir haben das Glück, aus einem vielfältigen Angebot an Nahrungsmitteln auswählen zu können. In unseren Breitengraden ist es einfacher, sein Kind zu ernähren. Davon abgesehen ist es manchmal eine Herausforderung, aus dem großen Angebot im Supermarktdschungel eine schmackhafte und gesunde Auswahl zu treffen. Hat sich der Gaumen des Kindes erst einmal an Fertigprodukte, sogenannte Schnellgerichte, wie zum Beispiel Soßen, Dressings, Pizza etc., gewöhnt, wird es schwierig, den Speiseplan auf qualitativ hochwertige, frische Produkte umzustellen.

Wie entscheidend die ersten Jahre sind, habe ich an meiner Tochter beobachten können. Von Anfang an und ohne großen Aufwand integrierten und förderten wir ihre

Lust und Neugier an der breitgefächerten Palette von Lebensmitteln.

In ihrem Kindergarten gehörte es zur Philosophie, dass die Eltern ihre Sprösslinge bekochten. Es galt, in regelmäßigen Abständen ein Drei-Gänge-Menü für 45 Kinder zu zaubern. Das gemeinsame Essen wurde durch die Speiseplanvorschläge der Eltern abwechslungsreich gestaltet. Großen Wert legte man darauf, dass Produkte in ihrer ursprünglichen Form verwendet wurden. Jeder Mensch hat eine andere Methode, Speisen zu kochen; unbewusst machten die Kinder dadurch die Erfahrung, dass zum Beispiel die Lasagne von Sophies Mama anders schmeckt als die von Oma. Zusätzlich lernten sie auch Speisen aus anderen Kulturen kennen.

Dieser paradiesische Zustand änderte sich, als Marietta kurzzeitig einen Hort besuchte. Hier wurden die Kinder mittags mit angelieferten Tiefkühlgerichten und Fertigprodukten versorgt. Marietta war über das so ganz andere Essen irritiert: »Mami, Kartoffelpüree machen ist doch nicht schwer. Warum bekommen wir das angerührte Pulver aus der Tüte?«

Diese verblüffende, für Kinder untypische Äußerung zeigte mir zweierlei: Erstens hatte sich das Geschmacksempfinden meiner Tochter weiterentwickelt. Und zweitens hatte sich der Blick für das unterschiedliche Herstellen von Gerichten geschärft. Aufmerksam beobachtete sie, wie die Speisen zubereitet wurden.

Wie können wir das Gespür unserer Kinder für unterschiedliche Geschmäcker wecken beziehungsweise fördern?

Genusserziehung 1: Geschmäcker wecken

Schon Säuglinge, die anfangen, Beikost in für sie geeigneter Form zu sich zu nehmen, lernen schnell, zwischen dem Geschmack von Obst und Gemüse zu unterscheiden. Sie finden heraus, dass manche Sachen ihnen besser schmecken als andere. Je abwechslungsreicher also das Angebot an altersgerechter Obst- und Gemüsezubereitung ist, desto besser kann sich ihr Geschmackssinn entfalten. Dabei wäre darauf zu achten, dass die Lebensmittel für den kleinen Körper gut verträglich sind. Sobald das Kleinkind reif dafür ist, kann es alle Lebensmittel probieren. Anstelle vom allseits bekannten Karottenbrei etwa ein Mus von Pastinaken oder Fenchel. Immer vorausgesetzt, dass sie unbedenklich, also weich oder gekocht sind.

Wie reagiert das Kleinkind auf Kostproben von weicher Birne, Kräuterquark, Aprikosen, Nudeln, Püree ...? Achten Sie auf die Reaktionen, die Ihr Kind zeigt: Mal verzieht es das Gesicht und schüttelt den Kopf, mal schmatzt es mit offensichtlichem Vergnügen und ordert mit weit geöffnetem Mund Nachschub. Lassen Sie Ihr Kind zu diesem frühen Zeitpunkt seine eigenen Erfahrungen und Geschmackserlebnisse sammeln.

Manche Kinder werden erst allmählich einseitig in der Wahl ihrer Speisen. Zu Beginn sind sie aufgeschlossene, interessierte Esser, und plötzlich beschränken sich ihre Vorlieben auf wenige Speisen. Kein Grund für Eltern, sich Sorgen zu machen. Sind die Geschmacksknospen erst einmal vielseitig entwickelt, wird der Speiseplan ihres Kindes auch wieder umfassender. Manchmal hilft ein kleiner Anstoß, der die Neugier des heiklen Essers weckt, indem man

Gerichten klangvolle Namen gibt, wie »Kraftmacher-Müsli« oder »Zaubersuppe«.

Einzelne Lebensmittel, die den Kindern nicht schmecken, kann man ihnen trotzdem immer wieder zwischendurch anbieten. Geschmäcker verändern sich, und auch das ist eine interessante Erfahrung.

Wenn ein bestimmtes Lebensmittel grundsätzlich verweigert wird, lohnt sich auch durchaus genaues Nachfragen, warum es nicht schmeckt und das Kind es partout nicht essen möchte.

Kinder haben manchmal eine ganz eigene Interpretation der Dinge, wie folgende Geschichte zeigt. Die Tochter meiner Freundin Susan wehrte sich über einen langen Zeitraum gegen alle Arten von Brot, in denen Körner zu erkennen waren. Auf wiederholtes Nachfragen erklärte die Kleine mit Tränen in den Augen, dass sie es einfach eklig fände, Brot mit kleinen Käfern zu essen.

Genusserziehung 2: Aromaspiele

Kinder lernen schneller und leichter in spielerischer Form. Duft- und Geschmackspiele machen Spaß und sind geradezu prädestiniert hierfür. Lassen Sie Ihr Kind verschiedene Kräuter und Gewürze riechen und schmecken. Riecht zum Beispiel getrockneter Rosmarin anders als frischer? Gibt es einen Duftunterschied zwischen Vanillestange und Vanillezucker? Dieses Spiel lässt sich beliebig ausweiten. Sie können auch ein Ratequiz veranstalten: Man füllt einzelne Zutaten, wie etwa Nelken, Wacholderkörner, Anissterne, Muskatnuss oder Senfkörner, in leere Filmdöschen und lässt die Kinder schnuppern oder legt ihnen eine kleine Kostprobe auf die Zunge.

Neben dem Geschmackssinn kann so auch gleichzeitig der Tastsinn geschult werden. Fühlt sich Salz anders an als Zucker? Wie fühlt sich der Unterschied zwischen Basmatireis und Milchreis an? Und worin besteht der Unterschied zwischen frischen und getrockneten Erbsen? Legen Sie ein Tuch über verschiedene Lebensmittel und lassen Sie die Kinder ertasten, um welche Produkte es sich handelt (wie zum Beispiel Äpfel, Birnen, Nudeln, Kartoffeln, Pfirsiche, Tomaten).

Des Weiteren kann man ausprobieren, welche Kräuter und Gewürze den Geschmack eines Gerichts abrunden oder wozu sie besonders gut passen. Wie schmecken Tomaten mit Basilikumblättchen? Wer mag sie lieber mit Zwiebelscheiben oder Thymian? Decken Sie den Tisch mit einigen Zutaten und lassen Sie die Kinder eigene Kombinationen entdecken: Wie schmeckt frisches Brot mit einer knusprigen Kruste? Wähle ich als Aufstrich lieber Butter oder anderes Streichfett? Und wie schmeckt es, wenn noch Schinken, Käse oder gekochtes Ei dazukommt? Lassen Sie der kindlichen Kreativität freien Lauf. Solche Verkostungsaktionen lassen sich in den normalen Alltag ohne großen Aufwand integrieren. Zum kalten Abendessen können Sie zum Beispiel einen großen Teller mit einer Auswahl an verschiedenen Brotvariationen anbieten. So können alle nach Lust und Laune probieren.

Oder nehmen Sie sich nur ein einzelnes Lebensmittel vor und zeigen Sie den Kindern, welche Möglichkeiten sich in der Zubereitung bieten und wie sich der Geschmack jeweils ändert. Zum Beispiel die Kartoffel: Wie schmeckt sie roh und wie, wenn sie gekocht ist? Was können wir alles daraus machen: Pellkartoffeln, Rösti, Bratkartoffeln oder cremiges Püree?

Sehr vielseitig ist auch Reis durch seine zahlreichen Sorten und Zubereitungsmöglichkeiten. Fragen wie »Kann man Reis mit Geschmack kochen?« oder »Was brauchen wir für ein gutes Risotto?« und »Wie wird Klebereis mit Stäbchen gegessen?« können hier geklärt werden.

Oder was lässt sich aus Spinat zaubern? »Welche Mengen an rohem Spinat werden gebraucht, um eine Portion Rahmspinat zu kochen?« »Wie ähnlich im Geschmack sind buntes Mangoldgemüse und Spinat?« Und nebenbei erklären wir, warum der Spinat lange nicht so viel Eisen enthält, wie in einer Studie erforscht wurde. (Ein Komma verrutschte in der Tabelle und verhalf dem Spinat somit zu seinem galaktisch hohen Eisenwert.)

Kinderrisotto à la Susan

Für 4 Personen:

2 EL Pflanzenöl
½ Zwiebel
300 g Reis
500 ml Gemüsebrühe

100 g Zucchini
100 g Karotten
5 kleine Rispentomaten
50 g TK-Erbsen
100 g gelbe Paprikaschoten
2–3 EL Sahne
Parmesan, gerieben

Wer zusätzlich noch mag:
8 Champignons mittlerer Größe
1 EL Zitronensaft
1 EL Petersilie

Die Zucchini und die Paprika waschen, putzen und in kleine Würfel schneiden. Karotten schälen und ebenfalls würfeln. Tomaten waschen, halbieren und vierteln. Alle abgewogenen kochfertigen Gemüse in eine Schüssel geben.
Das Öl in einem breiten Topf erhitzen, den Reis und die halbierte Zwiebel (ohne Haut) darin glasig anbraten und mit der Gemüsebrühe ablöschen. Den Deckel auf den Topf setzen und den Reis bei kleiner Hitze 15 Minuten garen.
Das Zwiebelstück aus dem Topf nehmen. Das Gemüse zum Reis geben und weitere 15 Minuten mitgaren lassen.
Ganz zum Schluss wird das Risotto abgeschmeckt mit Salz, Pfeffer und etwas Sahne.

Auf dem Tisch stehen ein Stück Parmesan und die Käsereibe, jeder nimmt sich, so viel er möchte.
Nach Wunsch Champignons in feine Scheiben schneiden und in einer Pfanne mit etwas Butter schwenken, mit Zitronensaft, Petersilie (gehackt) sowie Salz und Pfeffer abschmecken.

Tipp: Kinder stört oft die Paprikahaut, mit dem Kartoffelschäler lässt sich die Haut schnell entfernen.

Wie wichtig es ist, die Kinder beim Kochen einzubeziehen, habe ich auf den vorangegangenen Seiten schon des Öfteren erwähnt. Durch Probieren und Experimentieren sammeln sie eigene Erfahrungen:

Wie verändern sich die Farbe und Konsistenz einer Suppe oder Soße durch die Zugabe von Sahne oder Butter? Warum sollten Gewürze sparsam dosiert werden, und wieso eignet sich Öl besser zum Braten als Butter? Warum empfiehlt es sich, die Kuchenform mit Fett einzureiben, bevor der Teig eingefüllt wird?

Auch geschmackliche Feinheiten lassen sich gut herausfinden, indem ein Produkt aus dem Supermarkt einem selbst zubereiteten gegenübergestellt wird. Wie schmeckt ein fertiger Fruchtjoghurt im Gegensatz zum selbst gemachten oder der Milchreis aus dem Kühlregal im Gegenzug zu Omas frisch gekochtem? Welche Tomaten haben ein intensiveres Aroma, die aus dem Treibhaus oder die anderen, die auf dem Balkon gezogen wurden oder vielleicht im eigenen Garten wachsen? Wie schmeckt ein selbst eingekochter Fruchtaufstrich im Vergleich zu gekaufter Marmelade? Worin liegt der Unterschied zwischen einer frisch gekochten Suppe und der Notfallvariante aus der Tüte? Was schmeckt mir besser, Püree aus frisch gestampften Kartoffeln (Rezept Seite 96) oder angerührte Kartoffelflocken?

Nachdem die Kinder mit den ersten Basics vertraut sind und sie weiteres Interesse bekundet haben, gehen wir zu weiteren Erfahrungswelten über: aus fertig gekochten Gerichten die Zutaten und Gewürze herausschmecken. Aus welchen Gemüsesorten besteht der Sonntagseintopf? Welche Fleischsorte ist darin enthalten? Worin liegt der geschmackliche Unterschied bei gedünstetem, gebratenem oder gekochtem Fleisch oder Fisch? Was macht das Essen so scharf? Sie werden staunen, wie treffsicher Kinder mit entwickeltem Geschmackssinn sein können.

Genusserziehung 3: Vom Samen zur Pflanze oder das Entdecken des Entstehens

Zuzusehen, wie aus einem kleinen Samenkorn Petersilie, Schnittlauch, Paprika oder Ähnliches entsteht, ist für Kinder spannend.

Beliebt ist der kleine Kräuterkasten am Fensterbrett oder ein (wer dieses Glück hat) im Garten eigens abgestecktes Kräuterbeet. Hier ergibt sich nebenbei der positive Aspekt, dass der kleine Gärtner für Wachstum und Gedeihen der Pflänzchen verantwortlich ist.

Ein Versuch, den fast jedes Kind im Kindergarten macht, ist die Aufzucht von Gartenkresse. Die Begeisterung über die selbst gezogenen Kressewürmchen ist meist so groß, dass viele Gerichte damit dekoriert werden. Rührei und Butterbrot, um nur einige Klassiker zu nennen, schmecken auch viel besser mit dem selbst gesäten und geernteten Grün. Kressezucht ist schön anzusehen und eine nützliche Erfahrung für Kinder, aber Kresse hat einen hohen Bitterstoffanteil, deshalb teilen nicht alle Kinder diese Begeisterung.

Es gibt verschiedene Methoden, kleine Kressebeete vorzubereiten. Die einfachste ist ein Stück Küchenpapier, welches ständig feucht gehalten werden muss. Hierauf streut man den Kressesamen, und fertig ist das Beet. Eine aufwendigere, aber auch ansehnlichere Methode ist die berühmte Schale mit Erde (bitte darauf achten, dass Erde ohne chemische Düngemittel verwendet wird), Kressesamen drauf, gut gießen – und nach wenigen Tagen sprießt zum Entzücken der Kinder das frische Kraut.

Unser Vater ist sehr naturverbunden. Obstbaumplantagen, Blumenwiesen und Gemüsebeete, in der Natur entstanden so viele wunderbare Dinge. Zur »Entspannung« am Wochenende mietete er ein Fleckchen Erde in einer Schrebergarten-Siedlung.
Die Probleme, die einen Hobbygärtner treffen können, hatte er dabei nicht einkalkuliert. Wir wollten dort als Familie den Sonntag genießen. Und dabei erleben, wie selbst gezogene Zucchini, Kürbisse, Tomaten und Salate wuchsen. Was soll ich sagen? Obwohl das Gartenstück nicht sehr groß war, gab es viel zu tun. Mit der Bewässerung hatten wir den

größten Aufwand, denn einen Wasseranschluss gab es nicht. So musste jedes Familienmitglied, mit einem Behälter bewaffnet, mehrmals zur nahe gelegenen Würm laufen, Wasser holen und die Beete gießen. Zur Krönung wuchs ausgerechnet in unserem Gärtchen ein gefürchtetes, sich schnell verbreitendes Unkraut ... genannt Franzosenkraut. Das wiederum hatte zur Folge, dass wir von den Nachbarn mit den angrenzenden Beeten komplett geschnitten wurden. Und so begruben wir unsere Träume vom eigenen Garten schon nach einem Sommer.

Wenn die richtige Witterung herrscht, schmecken selbst geerntete Erdbeeren vom Feld viel besser als die gekauften, Gleiches gilt für Himbeeren oder Brombeeren. Solche Ernteerlebnisse sind nicht nur für Kinder eine bleibende Erinnerung. Die Beeren schmecken köstlich, das gefüllte Körbchen macht stolz, der gemeinsame Ausflug ins Freie stärkt die Familie. Ganz nebenbei lernen die Kinder auch, auf Qualität zu achten, wenn sie dabei feststellen, dass unreife Früchte sauer sind und überreife Früchte matschig und vergoren schmecken.

Marietta liebt Himbeeren. Die schmecken am besten im Sommer. Auf ihren vielfachen Wunsch haben wir die Beeren auch im Winter, also für teures Geld gekauft. Kaum aber waren die ersten in ihrem Mund verschwunden, stellte sie enttäuscht fest, dass die Importware kaum Geschmack hatte, obwohl diese Früchte ebenfalls aus Regionen kommen, in denen zu diesem Zeitpunkt Sommer herrscht. Der Transportweg ist für die empfindlichen Früchte wohl zu weit. Oft werden sie zu früh geerntet und reifen nicht unbedingt unter natürlichen Umständen nach. So konnte ich ihr den fehlenden Geschmack aufgrund des gestörten Reifeprozesses erklären.

Die Gelegenheit war günstig, und ich erläuterte ihr, warum auch andere Früchte, wie zum Beispiel Erdbeeren, Rhabarber, Feigen oder Aprikosen, zu bestimmten Jahreszeiten erhältlich sind beziehungsweise nur dann aromatisch schmecken. Eine Ernährung im Rhythmus der Jahreszeiten ist für mich die Umsetzung des ökologischen Gedankens.

Ein Gefühl dafür, sich im Einklang mit den Jahreszeiten zu ernähren, möchte ich auch in meiner Tochter wecken – ganz abgesehen davon, dass dazu ja auch die Vorfreude auf die Zeit der süßen Kirschen, der saftigen Aprikosen oder des knackigen Spargels gehört.

Interessant ist für Kinder der Besuch auf dem Wochenmarkt. Am Obststand können Sie ihnen die Merkmale zeigen, an denen man den Reifegrad einer Ananas, Mango oder Avocado erkennt. Besonders spannend finde ich auch Marktbesuche im Urlaub, in einem anderen Land. Hier kann man eine Fülle an Früchten und Kräutern studieren. In mediterranen Ländern ist es geradezu ein Fest der Sinne: Wie riechen Thymiansträußchen? Sind das echte Oliven an dem Baum? Zitrusfrüchte wachsen also nicht an Sträuchern! Und wie faszinierend sind die Fischstände! Nie hätten wir gedacht, dass es so viele verschiedene Arten von Meeresfrüchten gibt. Spätestens jetzt weiß jedes Kind, dass die Fischstäbchen nicht als tiefgekühlte panierte Rechtecke aus dem Meer geangelt werden.

Als ich vier oder fünf Jahre alt war, durfte ich meinen Vater zum ersten Mal auf den Viktualienmarkt begleiten. Es war ein spannendes und prägendes Erlebnis für mich. Früh am Morgen herrschte eine ganz besondere Stimmung, und ich bestaunte die Mengen an Obst und Gemüse, die da aufgebaut wurden. Papa kannte die Marktfrauen und begrüßte sie mit: »Guten Morgen, was ham'S denn heute Schönes?« Er begutachtete, probierte und wies mich auf besonders schöne Früchte hin. Ich durfte riechen und sogar naschen. Papa schaute mir schmunzelnd zu und wollte wissen, ob es auch schmeckte.
Noch heute begleite ich ihn gern auf den Markt und lerne immer noch dazu. Liebevoll wird da jede Bohne und jede Kartoffel betrachtet, bevor sie in die Papiertüte wandert. Für Marktbesuche dieser Art braucht man etwas Zeit, aber sie eröffnen mir immer wieder einen wunderbaren Kosmos.

Als Mütter wissen wir, der Einkauf im Supermarkt mit Kind kann oftmals eine Herausforderung sein und fällt leichter, wenn wir das Kind dabei einbeziehen. Sofern vorhanden, geben Sie ihm einen eigenen kleinen Wagen und somit die Verantwortung für seine Einkäufe. Oder Sie bitten: »Hol mir doch mal ›unsere‹ Milch«, oder »Schau mal, ob du eine Tüte mit Mehl findest«. Dabei lernt das Kind auch etwas über die alltäglichen Grundnahrungsmittel. Größere Kinder dürfen mit einer kleinen Liste allein einkaufen gehen. Marietta ist jedes Mal ganz stolz, wenn sie den Einkauf erfolgreich beendet und alles heil nach Hause gebracht hat.

Nach der Ernte oder dem Einkauf geht es an die Verarbeitung. Hier gibt es eine ganze Menge an Möglichkeiten, wie man Kindern einfache Zubereitungstechniken zeigen kann. Wie schält man Karotten und Gurken? Warum bekommt das Ei einen Stich vor dem Bad im heißen Wasser? Wie würfelt man Zucchini, und wie bekommt man kleine Blumenkohlröschen? Dabei lernen sie, dass Lebensmittel auf vielfältige Art und Weise verarbeitet werden können.

Lassen Sie mich das anhand meines Lieblingsbeispiels, der Kartoffel, erklären. Was lässt sich daraus alles machen? Warum eignen sich mehlige Kartoffeln für Püree besser als festkochende? Werden diese dann zu perfekten Bratkartoffeln? Bei der Zubereitung von Püree ist (nicht nur) für Kinder der Unterschied gut zu sehen und zu schmecken. Da gilt es festzustellen, dass Kartoffeln, die mit einem Stab püriert werden, einen zähen, klebrigen Brei ergeben. Mit der Hand gestampfte Kartoffeln entwickeln sich unter Zugabe von Milch zu cremigem Püree.

Dieses Erlebnis hatte ich übrigens als Neunjährige auch, als ich meinem Bruder Püree kochen wollte. Alles lief nach Plan, bis zu dem besagten Punkt, als der Pürierstab zum Einsatz kam und statt des gewohnten Pürees von Mama nur eine zähe Pampe entstand. In solchen Fällen rief ich gerne meinen Vater im Restaurant an, schilderte meine Panne und erhielt daraufhin Rettungsvorschläge. In diesem Fall war jedoch nichts mehr zu retten, und ich musste wieder von vorne anfangen.

Unser Kartoffelpüree

Für 4 Personen:
1 kg mehlige (!) Kartoffeln
30 g Butter
200 ml Milch
Muskat, Majoran, Salz, Pfeffer
evtl. 25 ml Sahne

Kartoffeln schälen, in Würfel schneiden, in einem Topf mit Wasser bedecken und weich kochen lassen. Wasser abgießen, die Kartoffeln im Topf lassen, Milch und Butter zufügen und mit dem Kartoffelstampfer einen feinen Brei stampfen. *Keinen Pürierstab verwenden!* Eine Prise Majoran und geriebenen Muskat unterrühren und mit Salz und Pfeffer abschmecken. Eventuell Sahne zufügen.

Kartoffelbreireste lassen sich prima am nächsten Tag mit etwas Käse überbacken. Eine beliebte Variante unserer Familie ist, den Kartoffelbrei in einer mit Butter eingefetteten ofenfesten Form zu verteilen. Darauf Tomatenscheiben verteilen und mit geriebenem Käse, zum Beispiel Gouda, bestreuen. Im vorgeheizten Ofen bei 200 Grad backen, bis eine helle Kruste entstanden ist.

Alle Kinder lieben Nudeln! Eine große Auswahl an unterschiedlichen Sorten und geschmackvollen Rezepten steht uns hier zu Verfügung. Bei der Planung der Gerichte ist es hilfreich, schon zuvor eine passende Teigware aus dem vielfältigen Angebot auszuwählen.

Auch bei der Zubereitung der Nudeln können unsere kleinen Küchenmeister bereits leichtere Aufgaben übernehmen. Der große Topf muss mit kaltem Wasser befüllt und eventuell auch mit Salz und/oder Öl versehen werden. Die Nudeln sind bereitzulegen oder gegebenenfalls abzuwiegen.

Für ein rasches Abendessen bietet sich die Zugabe einer frisch zubereiteten Tomatensoße an oder noch einfacher: Zeigen Sie Ihrem Kind, dass in Butter und Salbei geschwenkte Nudeln, bestreut mit geriebenem Parmesan, bereits eine komplette Speise ergeben. Gerichte, die schnell und einfach in der Zubereitung sind und auch noch gut schmecken, ermutigen Kinder, ihre eigenen Erfahrungen in der Küche und am Herd zu sammeln.

Auch andere Grundnahrungsmittel, wie zum Beispiel ein Fischfilet, eignen sich für einen schnellen und variationsreichen Speiseplan. Kinder essen gerne Fisch. Falls das bei Ihren nicht der Fall ist, versuchen Sie es mal mit Pangasiusfilet. Dieser Fisch ist nahezu grätenfrei, hat relativ festes Fleisch und ist im Geschmack eher neutral. Gern gegessen werden kleine, angebratene Stücke unter Nudeln gemischt oder in panierter Ausführung. Dabei können, neben der allseits beliebten Panade aus Semmelbröseln, auch mal Mischungen aus Cornflakes, Mandeln oder gehackten Erdnüssen zum Einsatz kommen.

Mariettas Fisch(stäbchen)

Für 4 Personen:
500 g Fischfilet
100 g Mehl
Salz, Pfeffer
2 Eier
200 g Semmelbrösel bzw. zerbröselte Cornflakes
1 EL Butter
Pflanzenöl
Zitrone

Das Filet kalt abbrausen und mit einem Küchenkrepp trocken tupfen. Mit einem scharfen Messer in die bekannte Stäbchenform schneiden. Salzen und pfeffern. In einer Suppenschale die Eier verquirlen. Auf zwei flache große Teller Mehl und Semmelbrösel verteilen. Die Fischstücke nun erst in Mehl, dann in Ei und schließlich in Semmelbrösel wälzen.
In einer beschichteten Pfanne Öl und Butter heiß werden lassen und die Stäbchen darin auf beiden Seiten – nicht zu heiß – knusprig backen.
Die Zitrone in Schnitze teilen und auf den Tisch stellen zum Beträufeln.

Wir verwenden gern Pangasiusfilet, ebenso eignen sich zum Beispiel Kabeljau und Seelachs.

Auch wenn es darum geht, Fisch in ein Reisblatt zu wickeln (Rezept »Fischpäckchen im Reisblatt«, Seite 198) oder Fischfilets – mit Gemüse, Knoblauch und Kräutern – in Alufolie locker einzuschlagen, ist mir kindliche Hilfe sehr willkommen.

Weil wir gerade über Fischstäbchen sprechen, fällt mir folgende Geschichte ein. Mein Vater kochte für einen großen Empfang auf der Blumeninsel Mainau. Die Gastgeber waren Lennart Graf Bernadotte und Gräfin Sonja. Auch wir Kinder waren bei diesem Ausflug mit von der Partie. Als es allerdings ans Abendessen ging, sollten mein Bruder und ich mit den vielen Kindern der Grafen-Familie essen. Wir wurden von dem schwedischen Kindermädchen bekocht. Es gab Fischstäbchen. Diese waren außen sehr, sehr kross und im Inneren noch gefroren. An diesem Abend gingen wir mit knurrendem Magen ins Bett und konnten nicht einschlafen. Zu später Stunde schauten wir aus dem Fenster in den Burghof, und dort stand mein Vater. Über drei Stockwerke hinweg schilderten wir unser Erlebnis. Kurze Zeit später bekamen wir einen großen Teller mit Schinkenbroten ans Bett serviert, was für ein Glück! Fischstäbchen haben wir danach eine Zeit lang von unserem Speiseplan gestrichen.

Erprobte kleine Küchenhelfer dürfen schließlich einfache Rezepte selbst kochen oder backen: das eigene Lieblingsgericht, einen einzelnen Gang oder eine Überraschung zum Geburtstag eines Familienmitglieds. Überlassen Sie Ihren Kindern ruhig mal das Feld und geben Sie kleine Hilfestellungen, falls nötig. Allerdings sollten Sie bereits im Vorfeld über die Endreinigung der Küche verhandelt haben! Kleinere Kinder kann man ebenfalls »allein kochen« lassen und sie dabei aus dem Augenwinkel im Blick haben, um rechzeitig eingreifen zu können.

Mit meinen Anregungen möchte ich Ihnen keineswegs vermitteln, dass Sie Ihre Kinder zu kleinen Bocuses oder anderen Sterneköchen dressieren sollten. Unseren Kindern eine der wichtigsten Kulturtechniken zu vermitteln, sie in die gut gehüteten kulinarischen Familiengeheimnisse einzuweihen, ihnen einen Fundus von Rezepten und Zubereitungsmöglichkeiten zur Verfügung zu stellen, das ist mein Anliegen, welches ich Ihnen auf diesem Weg gerne nahebringen möchte.

Nicht zuletzt vermitteln wir so auch ein Stück Lebensqualität.

Genusserziehung 4: Das Auge isst mit

Der Gedanke an einen schön gedeckten Tisch, auf dem liebevoll angerichtete Teller platziert werden, macht automatisch schon Appetit. Auf welche Art und Weise und in welchem Stil Sie Ihren gedeckten Tisch präsentieren, bleibt Ihrer Fantasie überlassen. Bei einem kalten Abendessen oder einer Brotzeit können Brettchen oder Tabletts mit einer Auswahl an Käse und Wurst schön angerichtet werden.

Füllen Sie Getränke in Karaffen um, es sieht nicht nur schön aus. Durch die Zugabe von zum Beispiel einer Zitronenzeste oder einem Minzeblättchen bekommt das Tafelwasser ein feines Aroma.

Klassiker wie aufgeschnittene Tomaten, mit Gewürzen bestreut, sind ein netter Farbtupfer.

Besteck und Service sollten für alle gleich sein – oder absichtlich unterschiedlich, etwa mit farblich kontrastierenden Gedecken. An jeden Platz gehört ein Wasserglas. Auch dieses lässt sich für einen besonderen Anlass schnell schmücken, indem man eine Schleife darumbindet oder eine Serviette hineinsteckt.

In meinem Deko-Fundus befinden sich Kerzen in allen möglichen Ausführungen – dicke, dünne, Teelichter – sowie eine große Auswahl an Papierservietten unterschiedlichster Farben und Muster. Farbige Stoffbahnen, bunte Sets, Strohhalme sind natürlich besondere Eyecatcher für Kinder. Darauf platzierte Miniatur-Leckereien – etwa Schokoladen oder Gummibärchen – werden mit großer Freude wahrgenommen.

Bei spontanen Einladungen lassen sich einfache, aber durchaus effektvolle Akzente setzen. Dazu benötigt man drei bis vier schöne grüne Äpfel oder auch Zitronen, die in der Tischmitte platziert werden. Oder Sie schichten die Früchte in große Windlichter.

Für eine eher mediterrane Stimmung nimmt man Einmachgläser in unterschiedlichen Größen und befüllt sie mit Vogelsand und Muscheln. Bei Spaziergängen sammeln Marietta und ich gelegentlich schöne Steine; beschriftet mit wasserfestem Stift dienen sie später als Tischkärtchen.

Auch wenn Ihr Talent im Basteln nicht so ausgeprägt ist, lassen sich mit minimalem Aufwand Dekorationen, zum Beispiel aus Efeublättern, zaubern. Auf große Blätter schreibt man mit Silber- oder Goldstift den Namen des Gastes. Eine Serviette wird ausgeschüttelt und in der Mitte geknotet, das Efeublatt hineingesteckt. So hat man eine Kombination aus Serviette und Platzkarte geschaffen. Efeuranken mag ich besonders gerne, denn sie sind vielseitig verwendbar. Lange Ranken können Sie einfach dekorativ auf dem Tisch auslegen oder mithilfe von Draht zu kleinen Ringen binden.

Wie man einer Tischdeko einen symbolischen Charakter verleiht, hat mir eine Freundin gezeigt: Um die angespannte Kommunikation zwischen den Nachbarinnen zu verbessern, gab sie ein schönes Abendessen. Dabei lag auf jedem Teller (als Friedenssymbol) ein Olivenzweig mit weißer Schleife.

Die schönen Farben des Herbstes laden immer wieder zu ideenreichen Dekorationen ein. Große farbige (Kastanien-)Blätter liegen auf einem Platzteller, ein kleiner wird daraufgestellt. Dazu passen Tischkarten aus Kastanien und Zahnstochern. Die Kastanien dienen als Halterung, ein Zahnstocher verbindet das Namensschildchen mit der Kastanie.

Effektvolle Tischkärtchen lassen sich auf verschiedenste Arten leicht herstellen. Unter anderem kann man kleine Fliesen beschriften oder Schokoladetäfelchen mit Seidenpapier umwickeln und Namen oder das Menü darauf schreiben.

Apropos Beschriften: Es gibt spezielle Stifte, mit denen man zur Freude der Kinder einen Gruß wie – »Guten Appetit, Lilly« – direkt auf Teller, Tassen oder Gläser schreiben kann.

Oft lassen sich mit kleinen Dingen raffinierte Akzente setzen, zum Beispiel bei der Präsentation eines Geburtstagskuchens. Sie können ihn auf einer Spiegelfliese oder einer großen Glasplatte servieren. Erwärmen Sie zuvor Kuvertüre im Wasserbad, füllen Sie sie in einen Gefrierbeutel und zwicken dann die Spitze ab. Nun schreiben Sie mit flüssiger Schokolade einen kleinen Geburtstagsgruß auf den Rand der Glasscheibe, warten, bis der Schriftzug getrocknet ist, und setzen dann den Kuchen daneben. Diese Methode eignet sich auch für viele andere Gelegenheiten wie Namenstag, Hochzeitstag etc.

Sie haben keine Glasscheibe zur Hand? Dann geht es auch mit einer Tortenspitze. Die wird mit einer Nachricht – guten Wünschen oder auch einem Gutschein – beschriftet. Mit jedem Stück, das man aus dem Kuchen herausnimmt, zeigt sich etwas mehr von der Botschaft.

Warum nicht auch mal bewusst ganz rustikal essen? Früher schaufelten die Bauern sich ihr Essen aus großen Töpfen in ihre Schalen und teilten sich zu zweit ein Brettchen für das Brot. Genauso können wir auf Holzbrettern geröstete Brotscheiben servieren. Wie wäre es denn mit einer großen Pfanne oder Schüssel, aus der alle gemeinsam löffeln? Außerdem wird das Gemeinschaftsgefühl gestärkt, wenn alle »aus einem Topf essen«. Um dem Tisch die passende Note zu geben, bietet sich das Auflegen einer groben Leinentischdecke in Verbindung mit rot-weiß karierten Servietten an.

Grundlagen der Genusserziehung

Es ist leichter, Kindern ein Empfinden für einen hochwertigen und vielseitigen Speiseplan zu vermitteln, wenn die Eltern selbst dem Thema Genuss auch mit Freude gegenüberstehen.

Wie ist es denn eigentlich bestellt um die kulinarische Genussfähigkeit der Erwachsenen?

Angesichts der zunehmenden Vorliebe für sogenanntes Fast Food möchte ich an einige Grundlagen erinnern, die es braucht, um den Genuss zu ermöglichen.

1. Genuss braucht Zeit

Schnelligkeit und Genuss sind zwei, die nicht gut miteinander harmonieren. Aus eigener Erfahrung wissen wir, dass das auf alle sinnlichen Freuden zutrifft. Ein Essen, welches noch so herrlich sein kann, verliert seinen Reiz, wenn es hastig hinuntergeschlungen wird. Stellt man einem Kind den Teller hin und gibt ihm nicht genug Zeit, dann hat dies nichts mit Genuss zu tun, sondern eher mit »Abfüttern«. Ganz abgesehen davon entsteht bei allen Beteiligten der pure Stress.

2. Genuss braucht Aufmerksamkeit

Um alle Sinne anzusprechen, widmen Sie Ihre Aufmerksamkeit dem vor Ihnen stehenden Gericht und den Personen, die das Essen mit Ihnen teilen. Nehmen Sie sich beim Essen eine kleine Auszeit von den uns allseits bekannten Ablenkungen wie Zeitung lesen, telefonieren und fernsehen. Sie werden sehen, wie intensiv Sie Ihre Speise schmecken, wenn Sie sich diese Zeit ohne Ablenkungen gönnen.

3. Weniger ist mehr

Probieren Sie es einmal aus, am besten mit Ihrer Lieblingsspeise. Nehmen Sie winzige Portionen in den Mund und fühlen Sie, wie sie langsam auf der Zunge zergehen. Alle Geschmacksnerven werden aktiviert, und Sie merken, wie viel mehr Sie genießen können. Durch schnelles Herunterschlingen werden die feinen Nerven der Zunge nicht angesprochen. Hastiges Essen macht zwar satt, doch fühlt man sich danach meist voll und schwer. Durch die Eile empfängt der Körper die Sättigungssignale zeitversetzt, also erst später. Sowohl der Genuss als auch das körperliche Wohlbefinden – und somit auch ein Stück (gelebte) Kultur – bleiben auf der Strecke.

4. Genuss braucht einen Rahmen

Das wird jeder anders für sich empfinden und gestalten. Jedoch ist eine Grundvoraussetzung in jedem Fall, dass der Tisch in seiner tatsächlichen Funktion als Esstisch genutzt wird. Sie kennen sicher auch die Verlockung, die so ein herrlich leerer Tisch bietet. Gerne wird er zweckentfremdet für die Ablage des Alltäglichen. »Schnell noch den Inhalt der Einkaufstüten ausgepackt, und für Teller, Gläser und Besteck findet sich zwischendrin ein bescheidenes Plätzchen.« Gefällt uns das wirklich?

Geben wir doch auch den Augen die Möglichkeit zur Entspannung und lassen wir uns nicht von den Dingen ablenken, die noch erledigt werden wollen. Ein paar frische Blumen aus dem Garten, leise Musik oder eine Kerze, Besteck, Servietten – mit wenigen Handgriffen hat man auf diese Weise einen effektvollen Rahmen geschaffen, der zu einem schönen Tagesabschluss oder fröhlichen Start in den Tag verhilft.

Gefrühstückt wurde bei uns am Küchentisch, also eher informell. Abendessen gab es jedoch im Wohnzimmer am schön gedeckten, großen Esstisch. Verführerische Düfte dampften aus den Messingtöpfen, das Gemüse wurde auf Stövchen warm gehalten, und die Teller wurden immer im Ofen vorgewärmt. Die waren so heiß, dass meine Mutter sie mit Topfhandschuhen anfassen musste.
Noch heute habe ich die Decke mit dem braunweißen Herzchenmuster vor Augen, die Kerzen, die Stoffservietten, das Besteck, das feine Porzellangeschirr und natürlich die Sets. Die hätte ich, ganz ehrlich, am liebsten weggelassen. Schließlich war ich fürs Tischdecken zuständig. Aber meine Eltern bestanden auf diesem zeitintensiven Standard. Dafür wurde meine Mühe immer mit einem herrlichen Essen belohnt. »Kinder, Essen«, rief mein Vater jedes Mal, und wenn er mit der dampfenden Pfanne und meine Mutter mit den heißen Tellern um die Ecke bogen, saßen wir Kinder mit Messer und Gabel in der Hand schon am Tisch.

Auch wenn mir der Aufwand für eine Tischdekoration in meinem Elternhaus nicht immer einleuchtete, war er mir spätestens in meiner eigenen kleinen 30-Quadratmeter-Bude wichtig. Ab diesem Zeitpunkt verstand ich, warum meine Eltern Wert auf einen ansprechend gedeckten Tisch legten. Aus diesem Grund sollten wir nicht traurig sein, wenn möglicherweise einmal eine Phase kommt, in der unsere Kinder beziehungsweise Jugendlichen diese Dinge ziemlich uncool finden. Ist der Grundstein durch die Eltern im Kindesalter gelegt, kommt wieder eine Zeit, in der sie sich an den Wert der damals als schön empfundenen Tischdekoration erinnern.

5. In Gesellschaft schmeckt es besser

Wer gelegentlich alleine isst, kennt den Unterschied. In Gesellschaft schmeckt es einfach besser – zumindest wenn sich die Menschen wohlfühlen, die zusammen am Tisch sitzen. Dieses Phänomen lässt sich am Verhalten von Kindern gut beobachten. So manches Kind, das zu Hause eher lustlos isst, wird in der großen Runde im Kindergarten oder wenn der beste Freund zu Besuch kommt, zu dem, was wir einen »guten Esser« nennen.

Nicht nur, dass uns das Essen an der großen Tafel besser schmeckt, es sorgt auch für einen kommunikativen Feinschliff, und die Gemeinsamkeitserlebnisse vermitteln ein Gefühl von Sicherheit. Durch Einladungen von Familie, Freunden oder durch gemeinsame Verabredungen in einem Restaurant entstehen solche Erlebnisse. Bei groß und klein ist diese Art der »italienischen Verhältnisse« sehr beliebt.

Das beste Vorbild sind die Eltern

»Erziehung ist zwecklos,
Kinder machen den Erwachsenen eh alles nach.«
Karl Valentin

Eigentlich könnte Kindererziehung ganz einfach sein. Kinder lernen durch Nachahmung. Wenn wir uns zum Beispiel liebevolle, umsichtige, kommunikative Kinder wünschen, müssen wir einfach nur selbst liebevoll, umsichtig und kommunikativ sein. Klingt doch sehr simpel in der Theorie, finden Sie nicht? Schwierig wird es dann, wenn unser eigenes Verhalten – manchmal auch ganz unbewusst – nicht mit dem Wunschbild übereinstimmt.

Als ich vor einigen Jahren eine Zeit lang (zu) wenig und einseitig aß, veränderten sich auch Mariettas Essgewohnheiten. Sie wurde heikel und mochte nur noch sechs oder sieben Gerichte. Ich gab mir Mühe, Speisen zu kochen, die ihr schmeckten. Merkwürdigerweise begriff ich damals nicht, dass meine kleine Tochter nichts anderes tat, als mein eigenes Verhalten nachzuahmen.

Wenn Kinder keine Lust haben, sich an der Küchenarbeit oder an den alltäglichen Aufgaben in der Familie zu beteiligen, sollten Eltern sich einmal fragen, mit wie viel Freude sie selbst eigentlich kochen oder die dabei anfallenden Tätigkeiten angehen.

Wenn Kinder maulen, weil sie aufgefordert werden, den

Tisch abzuräumen oder Salat zu putzen, sollten Eltern sich überlegen, welche Rolle sie selbst bei diesen Aufgaben übernehmen. Kindern kann man unterschiedliche Rollenverteilungen erklären. Wenn ein Elternteil, in der Regel meist der Vater, außer Haus berufstätig ist und das andere Elternteil, in dem Fall die Mutter, zu Hause die Familie versorgt, ist nachvollziehbar, dass das Kochen mit den dabei anfallenden Aufgaben von der Mutter erledigt wird. Allerdings vermittelt sich den Kindern dann ein unausgewogenes Bild, wenn beide Eltern berufstätig sind, die Mutter nach ihrer Arbeit aber noch einkauft, kocht etc., während der Vater die Zeitung liest.

Auch müssen Eltern sich nicht über einseitig essende Kinder wundern, wenn die Mutter bei der Mahlzeit nicht isst, weil sie auf ihre Figur achtet, oder wenn dem Vater nur seine drei, vier Standardgerichte aufgetischt werden, da ihm wenig anderes schmeckt.

Eltern, die feste Vorstellungen davon haben, wie wichtig gesunde Ernährung für ihre Kinder ist, sollten sich auch ihr eigenes Essverhalten anschauen. Vertreten Sie die Meinung, dass Süßigkeiten, Chips und Döner ungesund sind? Enthalten Sie diese Dinge Ihren Kindern aus diesem Grund vor? Dann mal ehrlich: Halten Sie sich selbst auch konsequent an Ihre strengen Ernährungsvorstellungen? Wenn nicht – und das trifft auf mich wie auf die allermeisten Menschen zu –, sollten Sie diese lockern. Es tut Kindern gut zu sehen, dass auch ihre Eltern zwischendurch kleine Sünden begehen. Wir sind keine Übermenschen. Brechen wir Regeln, die wir im Allgemeinen einhalten, ist dies verzeihlich. Wegen gelegentlichen Ausrutschern brauchen Eltern kein schlechtes Gewissen zu haben, solange sie dazu stehen und den Kindern nicht vorspielen, sie seien die Superhelden ohne Fehl und Tadel.

Will man Kindern bestimmte Verhaltensweisen und Lebensstile vermitteln, funktioniert dies am besten über positive Botschaften: durch das mit Überzeugung und Freude gelebte Vorbild, das die Kinder imitieren.

Sobald Probleme am Familientisch (möglicherweise auch fernab davon) auftauchen, sollten die Eltern ihr eigenes Verhalten kritisch hinterfragen.

Auf einen Blick: Die Familienrunde als Ort des Genießens

Kindliche Geschmacksnerven werden in den ersten Lebensjahren geprägt. Durch vielseitige Anregungen lassen sich die Sinne trainieren, und somit entsteht ein differenziertes Geschmacksempfinden. Kinder lernen durch sinnliche Erfahrungen bei gemeinsamen Kostproben, Geschmacksvariationen und kulinarischen Ratespielen einen ganzen Kosmos an geschmackvollen Lebensmitteln kennen. Wecken Sie ihr Interesse und beziehen Sie sie in den täglichen Ablauf wie den Einkauf oder die Speiseplanung und -vorbereitung mit ein. Durch diese Erfahrungen fördern wir die Entwicklung unserer Kinder und setzen den Grundstein zum Bewusstsein für die Ess- und Tischkultur. Dazu gehören eine entspannte Atmosphäre und ein schöner Rahmen, in dem gegessen wird.

Der Mensch ist, wie er isst: Über den Sinn von Tischmanieren

Wenn in einer Unterhaltung das Thema »Tischmanieren« angesprochen wird, empfinden das viele von uns als ein verstaubtes Relikt. Gedanken an »manierliches« Essen kommen auf, an »artiges« Verhalten bei Tisch, an eine leicht angespannte Haltung, geprägt von Regeln, die man kennen und beachten muss, auch wenn man deren Sinn nicht nachvollziehen kann. Am folgenden Beispiel zeigt sich, dass sich Regeln im Lauf der Zeit ändern: »Spargel und Kartoffeln werden nicht mit dem Messer geschnitten.« Befolgen Sie diese Regel? Nein? Sie haben recht. Früher galt für einige Gemüsesorten ein Schneideverbot, weil die Messerklingen blauschwarz anliefen, wenn sie mit bestimmten Säuren in Verbindung kamen. Der technische Fortschritt kam uns zu Hilfe, und bei modernen Bestecken besteht die Gefahr des Anlaufens nicht mehr. Deshalb ist diese Regel überholt.

Wozu sind Tischsitten eigentlich gut, und brauchen wir sie? Ja, wir brauchen sie! Ihr Sinn besteht unter anderem darin, sich in der Gesellschaft sicher zu bewegen. Ist man zu einem Essen eingeladen, bei dem mehrere Bestecke aufgedeckt sind, sollte man, ohne nervös zu werden, wissen, in welcher Reihenfolge diese zum Einsatz kommen. Diese Regeln enthalten aber auch noch einen anderen Aspekt. Nämlich das Respektieren der mir gegenübersitzenden Person. Eine aufrechte Sitzhaltung ist für jedermann schöner anzusehen. (Weswegen zum Beispiel die Gabel zum Mund geht und nicht das Gesicht zum Teller.)

Tischregeln unterliegen kulturellen Aspekten und Moden. Für Araber, die sich traditionell mit der Hand aus einem gemeinsamen Topf bedienen, ist es strengstens verboten, mit der linken Hand zu essen, da diese für unreine Tätigkeiten benutzt wird und nicht mit der Speise in Berührung kommen soll. Diese aus einem Tabu hervorgegangene »Benimmregel« ist also ein lebenswichtiger Schutz.

In Ostasien haben sich, von China ausgehend, Stäbchen als Besteck durchgesetzt. Die Asiaten handhaben sie dermaßen geschickt, dass sie sie selbst beim Essen von Suppe benutzen. Den Chinesen gilt ihr Besteck als ein kultureller Höhepunkt, auf den sie stolz sind: Die Handhabung erfordert Geschick, trainiert das Gehirn sowie die Muskeln und Gelenke und fördert dadurch die Gesundheit. Auch wenn wir es uns kaum vorstellen können: Stäbchen sorgen hervorragend für eine manierliche Essweise – vorausgesetzt, man weiß mit ihnen umzugehen.

Und wie sieht es in unserem Kulturkreis aus? In Europa wurde bis in die frühe Neuzeit mit den Fingern, allenfalls mit Löffeln gegessen. Vor gut 500 Jahren tauchte dann an europäischen Adelshöfen die Gabel auf – ein als albern verlachtes Requisit, dessen ursprünglicher Sinn darin bestand, die hübschen Hände der Hofdamen besonders zierlich aussehen zu lassen. Die »edlen« Herren hätten sich allerdings lieber dreimal die Finger verbrannt, als so etwas Lächerliches wie eine Gabel in die Hand zu nehmen.

Das änderte sich allmählich, als die französischen und italienischen Höfe zum Trendsetter in Sachen Gastronomie und Manieren wurden. Ihre kultivierten Essmethoden setzten sich schließlich durch. Die Vornehmheit ging so weit, dass man Tischdecken auflegte, um sich damit den Mund abzuwischen. Heute würden wir uns über ein solches Verhalten wundern.

Tischregeln ändern sich also. Aber müssen wir deshalb alle paar Jahre in der aktuellsten Ausgabe des »Knigge«-Ratgebers schmökern, um auf dem neuesten Stand der Etikette zu sein? Nein! Zu Orientierung gibt es eine wunderbare Grundregel für kultiviertes Essen: Solange das Verhalten bei Tisch von gegenseitigem Respekt geprägt ist, kann eigentlich nicht viel schiefgehen.

Interessant und wichtig finde ich persönlich aber doch die einzelnen Regeln und deren Geschichte. Denn mögen diese auch noch so altmodisch und nicht mehr in Gebrauch sein, so sind sie doch ein Stück gelebte Geschichte und Kultur, auf deren Entwicklung wir zurückblicken.

Medien und andere alltägliche Ablenkungsmanöver

Hätten zuzeiten des Freiherrn von Knigge die elektronischen Medien bereits ihren Einzug gehalten, so hätte er diese ganz sicher ins Visier genommen. Wenn Sie die Kommunikation in Ihrer Familie fördern wollen, gönnen Sie dem Fernsehgerät während des Essens eine Auszeit. Denn die gemeinsam verbrachte Zeit am Esstisch in Verbindung mit dem laufenden Fernsehgerät fördert nicht unbedingt die Innigkeit zwischen den einzelnen Familienmitgliedern. Gebannt starren alle in eine Richtung, und ein Austausch der einzelnen Personen am Tisch ist dann oftmals recht einsilbig. Ganz abgesehen davon, dass ich mir zum Abendessen interessantere Gesprächspartner als die Biene Maja und Co. vorstellen kann.

Durch die geteilte Aufmerksamkeit nehmen wir den Geschmack des Gerichts gar nicht mehr richtig wahr und übersehen die Signale des Magens, wenn er satt ist. Marietta und ich essen genau aus diesem Grund entweder vor oder nach einem Programm.

Wobei dieser Punkt durchaus auch mal als Event gestaltet werden kann. Indem Sie bewusst einen Fernsehabend einplanen, dazu dann genüsslich alle sonstigen Regeln über Bord werfen und mit Fingerfood das Programm genießen.

Ich persönlich habe es recht gern, wenn im Hintergrund leise angenehme Musik läuft, die nicht von der Unterhaltung ablenkt. Musik über Ohrknöpfe geht gar nicht, ebenso haben sämtliche virtuellen Freunde keinen Platz am Familientisch.

Mir fällt es wahnsinnig schwer, das klingelnde Telefon während des Essens zu ignorieren (und dies ist laut Aussage meiner Mutter schon seit der Teenagerzeit so). Dabei sollte es eine Selbstverständlichkeit sein, das Telefon während des Essens beiseitezulegen.

Wenn wir hier von gemeinsamen Mahlzeiten sprechen, die Familien mit engen Zeitplänen bewusst organisieren, dann finden diese überwiegend abends statt. Wir sind uns normalerweise einig darüber, dass man die Arbeitszeit nicht in die ohnehin schon sehr spärlich bemessene Freizeit einbaut. Wir würden es ja auch nicht hinnehmen, wenn Kinder während der Schulzeit einfach zu Hause blieben oder Schlittschuh laufen gingen. Warum fällt es uns dann so schwer, der gemeinsamen Familienrunde mit dem gleichen Respekt zu begegnen? Was kann in diesem Zeitraum wichtiger sein als das Gespräch mit der eigenen Familie bei Tisch? Und dies möchte ich nicht nur auf Familien mit Kindern beziehen, sondern auch auf Paare. Wie schade, wenn sich Paare gegenübersitzen und sich nichts zu sagen haben. Kinder, deren Eltern sich gerne miteinander unterhalten und zusammen lachen, machen es ihnen nach.

Noch mal kurz zurück zum kleinen Terroristen, dem Telefon. Die meisten Telefone sind technisch so ausgestattet, dass man erkennt, wer angerufen hat, und nach Abschluss der Mahlzeit kann man zurückrufen – mit maximal einstündiger Verzögerung. Auch wenn es Ihnen merkwürdig erscheinen mag – probieren Sie es aus. Sie werden feststellen, dass es die Familie stärkt, wenn sich alle an die Regel halten: Die Zeit des gemeinsamen Essens gehört ausschließlich der Familie. Und die Anrufenden werden es verkraften, dass man sie wenig später zurückruft.

An eine solche Vereinbarung sind alle gebunden, auch die Eltern. Denn es wirkt wenig überzeugend, wenn diese das Handy der Kinder von der Tafel verbannen, gleichzeitig aber bei »wichtigen« Anrufen von Kunden ans Telefon springen. In einem geschäftlichen Meeting schalten Sie das Handy aus, um sich auf das Gespräch mit Ihrem Kunden zu konzentrieren. Dann sollte das in der Zeit des Abendessens doch auch möglich sein. Bei uns ist es meine Tochter, die mich in dem Punkt mit einem vorwurfsvollem »Mama« ermahnt.

Grundregeln der Gemeinsamkeit

Wir alle kennen den Satz aus der Werbung: »... und so klappt's auch mit dem Nachbarn.« Mit einigen einfachen Regeln lässt sich diese Weisheit abwandeln: »... und so klappt's auch mit der Familie.«

Im Grunde sind sie uns ja bekannt, aber betrachten wir sie hier einmal unter dem Gesichtspunkt, wie wir sie Kindern im Alltag leicht und spielerisch begreifbar machen können:

→ *Alle erscheinen pünktlich zur vereinbarten (Mahl-) Zeit. Im Idealfall schon mit gewaschenen Händen.*

→ *Keiner beginnt zu essen, bevor nicht alle sitzen und jeder etwas auf dem Teller hat.*
Diese Konvention beflügelt übrigens die Hilfsbereitschaft aller Beteiligten. Es sollte nicht das einsame Los der Köchin sein, als Einzige noch in der Küche zu hantieren, während die restliche Familie erwartungsvoll und passiv am Tisch sitzt. Um die Wartezeit in einem solchen Fall zu verkürzen, empfiehlt sich tatkräftige Unterstützung bei den letzten Vorbereitungen. Hier ist immer noch ein Glas zu besorgen und dort noch eine Schüssel zu befüllen.

→ *Tischgebet*
Das Tischgebet ist nicht nur eine Danksagung für all die Speisen, sondern auch der Auftakt für eine gemeinsam einzunehmende Mahlzeit. Es ist ein Ritual, bei dem

alle zunächst zur Ruhe finden und das den Beginn des Essens bestimmt.

→ *Keiner verlässt den Tisch, bevor nicht alle fertig gegessen haben.*
Für kleine Kinder gilt dieser Punkt mit Einschränkung. Sie dürfen aufstehen, wenn sie fertig sind und unruhig werden. Älteren Kindern hingegen sollten wir den Sinn und Zweck dieser Regel begreiflich machen. Denn eine gemeinsam begonnene Mahlzeit sollte auch in Ruhe gemeinsam beendet werden.

→ *Man verhält sich »manierlich«.*
Manchmal schmeckt es so gut, dass man am liebsten den Teller ablecken möchte. Was aber keine gute Idee ist, schon gar nicht in einem Restaurant, auch wenn Koch oder Köchin sich über solch spontane Gesten freuen würden. Als Alternative zum Teller im Gesicht empfiehlt sich ein (Soßen-)Löffel oder ein Stück Brot, auf diese Art und Weise geht auch kein Tropfen der Soße verloren.
Was verstehen wir unter sogenanntem appetitlichen Verhalten? Na, ganz einfach. Eben dem Anlass entsprechend. Ein »no go« bei jedem Essen sind jedoch Geräusche, die allen Beteiligten bei Tisch den Appetit verderben. *Schmatzen* findet man bei kleinen Kindern sicher niedlich, und man sieht es ihnen lächelnd nach ... Tischmanieren ändern sich im Lauf der Zeit, im Mittelalter waren Schmatzen, Schlürfen und Rülpsen ein Ausdruck höchsten Genusses, sozusagen das Kompliment an den Koch, heute empfinden wir dieses Verhalten eher als

mangelnde Selbstdisziplin, und es verdirbt den anderen den Appetit.
Die *Serviette* dient nicht als Dekotüchlein, sondern um seinem Gegenüber bei der Mahlzeit den Anblick eines verschmierten Mundes – oder, wie in Loriots gelungenem Sketch, einer im Gesicht herumwandernden Nudel – zu ersparen.
Papier- oder Stoffserviette? Dazu hat jede Familie ihre eigene Philosophie. Meine ist: Wochentags benutzen wir Papierservietten – wobei ich zwischen den vielen Designs und Farben gern wechsle –, und für Einladungen und am Wochenende nehmen wir Stoffservietten.
Warum die Serviette am besten eingeschlagen auf dem Schoß ruht, sodass die obere Hälfte auf die untere geklappt wird, wird spätestens dann klar, wenn man ein Gericht wie Spaghetti mit Tomatensoße isst. Hierbei tupft man sich öfter den orangefarbenen Mund sauber. Damit die allmählich rot befleckte Serviette nicht die Kleidung beschmutzt, bringt man den oberen Serviettenteil nicht mit der Kleidung in Berührung, sondern legt ihn – als Dreieck – umgeschlagen auf den unteren Serviettenteil auf den Schoß zurück.
Was geschieht mit der Serviette nach dem Essen? Vor meinem inneren Auge sehe ich eine zufriedene, satte Person, die sich nach einem guten Essen abschließend den Mund abwischt, die Serviette zu einem Ball zerknüllt und diesen in einer sportlichen Anwandlung auf den leeren Teller wirft. Tun Sie's nicht! Die benutzte Serviette gehört nicht auf den leeren Teller (und schon gar nicht auf übrig gelassene Essensreste). Vielmehr

wird sie zusammengefaltet und links neben dem Teller auf dem Tisch abgelegt.
Unseren ritterlichen Vorfahren wäre so manche Blase an den Fingern erspart geblieben, hätten sie die Vorzüge des Bestecks und seine Handhabung zu würdigen gewusst. *Besteck* wird am besten bei heißen, soßenhaltigen Gerichten verwendet. Kurz gesagt dann, wenn man sich ansonsten die Finger verbrennen oder verschmieren würde oder wegen der flüssigen Konsistenz die Speise nicht zum Mund führen könnte. Mit Messer und Gabel werden jeweils mundgerechte (!) Portionen abgeteilt und diese dann mit der Gabel in den Mund geführt. Lassen Sie mich noch kurz erwähnen, dass die Gabel ihren Dienst am besten verrichtet, wenn sie mit der Wölbung nach unten gehalten wird. Heiße Flüssigkeiten wie Fett oder Soßen können dann die Finger nicht verbrennen. Solange man nicht isst, legt man das Besteck links und rechts am Tellerrand oder gekreuzt auf dem Teller ab, anstatt beim Sprechen heftig damit herumzufuchteln.
Die Mahlzeit ist beendet, wenn das Besteck zusammengelegt so auf dem Teller liegt, als würde ein Uhrzeiger auf vier Uhr zeigen. Um die Tischdecke nicht zu verschmieren, wird das benutzte Besteck nicht links und rechts neben dem Teller abgelegt.
Mit der *Körperhaltung* und der Wahl der *Kleidung* möchten wir anderen unsere Wertschätzung signalisieren. Auch dies wird in jeder Familie anders gesehen. Bei uns gab und gibt es zum Essen keine bestimmte Kleiderordnung, es sei denn, wir sind eingeladen. Dann richten wir uns gerne nach den Wünschen des Gast-

gebers oder wählen ein entsprechend passendes Kleidungsstück.

Meine Mutter war, wie eingangs schon erwähnt, die gute Seele unseres Restaurants. Auch in der Wahl ihrer Kleidung zeigte sie immer ein besonderes Fingerspitzengefühl. Schick sollte sie schon sein, aber der Eindruck, dass sie besser als ein Gast gekleidet sei, sollte auch nicht entstehen. Einmal passierte trotzdem ein kleines Missgeschick. Eine Dame kam in exakt dem Kleid, das meine Mutter ebenfalls an dem Abend trug. Die Dame nahm es mit Humor, meine Mutter fuhr schnell nach Hause und zog sich um.

Ich gehe davon aus, dass der abgespreizte kleine Finger und die gestärkte Spitzenbluse in heutigen Familien ebenso selten anzutreffen sind wie andererseits der auf die Hand aufgestützte Kopf oder die bestrumpften Füße auf dem Tisch.
Eine angenehme Atmosphäre können wir schaffen, wenn wir so am Tisch sitzen, dass jeder genug Platz hat, ohne den Nebenmann beim Einsatz von Besteck zu attackieren. Der Versuchung, vom Nachbarteller oder direkt aus der großen Schüssel mit Fingern zu essen, sollten wir widerstehen.
Regeln sind dazu da, um gebrochen zu werden. So auch beim Thema Kleidung: Bei uns gibt es die kleine Tradition, sonntagmorgens gemeinsam im Schlafanzug zu frühstücken. Wir haben keine Termine, keine Schule, keine Arbeit und beginnen daher den Tag gemütlich.

→ *Mit vollem Mund spricht man nicht.*
Jetzt werden Sie mit Recht sagen, ein angeregtes Gespräch gehört zu einer gelungenen Mahlzeit. Der Gesprächsanteil jedes Familienmitglieds sollte ausgeglichen sein. Alle Meinungen gelten gleich und werden diskutiert - mit leerem Mund.
Welche Voraussetzungen braucht es für ein schönes Tischgespräch? Zutaten wie aufmerksames Zuhören und interessierte Rückfragen sind ein gutes Rezept dafür. Was hat sich Neues im Leben der anderen ereignet? Wie geht es mit ihren jeweiligen Plänen voran?
Eine nette Idee ist auch, sich einen Tageskalender mit Geschichten, Rätseln etc. an die Wand zu hängen. Auch das kann ein Anstoß für eine spannende Unterhaltung sein.

Das mag ich nicht!?

Meiner Meinung nach soll ein Kind ruhig sagen, wenn ihm etwas nicht schmeckt. Geschmäcker sind verschieden. Persönliche Erfahrungen und physiologische Voraussetzungen können eine Ursache dafür sein.

Entscheidend ist lediglich, *wie* man seine Vorliebe oder Abneigung ausdrückt. In einer Mahlzeit steckt Arbeit – und meist auch Liebe –, sodass ein herausgeprustetes »Bäh, schmeckt nicht« dem Koch oder der Köchin gegenüber schon einer Beleidigung gleicht. Außerdem färbt solch eine Äußerung bei Tisch auf die gesamte Gesellschaft ab. Und kann auch zu einem Dominoeffekt bei Geschwisterkindern führen, die nach der Äußerung auch keinen Rosenkohl mehr mögen.

Zu trennen gilt es hier zwischen zwei Bereichen – den persönlichen Vorlieben und der Zubereitungsart. Eine Abneigung zum Beispiel gegen Rosenkohl kann auch freundlich artikuliert werden. »Die Soße schmeckt super, aber der Rosenkohl ist mir einfach zu bitter.« Mit dieser Aussage wird niemand beleidigt, wohl aber festgestellt, dass es sich um ein persönliches Geschmacksempfinden handelt.

Ebenso beeinflusst ein Lob alle Esser: »Spinat, oh wie lecker!«

Umsicht

Manchmal hat man das Gefühl, der Esstisch gleiche einer Wettkampfarena, in der es gilt, sich das größte Stück Fleisch oder die meiste Soße zu sichern. Logischerweise geht dieses Verhalten zu Lasten derjenigen, die der Tischrunde entspannter begegnen, und derjenigen, die altersbedingt noch auf fremdes Wohlwollen angewiesen sind.

Der kultivierte Tisch, und insbesondere die Familienmahlzeit, ist kein Spielfeld für begabte Einzelkämpfer, sondern hier wollen wir die Gemeinsamkeit pflegen, mit allen Eigenschaften, die dazugehören: Rücksichtnahme, Fürsorge und Umsicht.

Wer sein Glas geleert hat und sich nachschenken möchte, wirft einen schnellen Blick auf andere Gläser und gießt, nach kurzer Nachfrage, auch diese voll.

Aus Schüsseln nehmen wir uns so viel beziehungsweise so wenig, dass auch den anderen noch eine Möglichkeit bleibt, sich eine zweite Portion zu nehmen. Hat es besonders gut geschmeckt, leeren wir im nächsten Anlauf nicht die ganze Schüssel. Der bekannte Anstandsrest bleibt übrig, und wir fragen in die Runde, wer noch etwas möchte, und teilen (notfalls) entsprechend. Nur wenn alle einverstanden sind, leeren wir die Schüssel – oder, und dies ist ein besonderer Hochgenuss, essen direkt daraus.

Dass man trotz guter Tischmanieren gegen die Etikette verstoßen kann, war mir neu. Neulich saß ich bei einer Abendgesellschaft neben einem Mann, der sich wenig später als perfekter Tischnachbar erweisen sollte: Er war unterhaltsam, benutzte das Besteck in der richtigen Reihenfolge, saß aufrecht, verwendete die Serviette korrekt und kannte sich gut mit Weinen aus.
Dennoch wurde ich überrascht. Denn derselbe Mann leerte gleich zu Beginn des Abends die tolle Vorspeisenplatte, die für alle am Tisch gedacht war, nahezu im Alleingang. Wenn er das Holzbrett selbst auch noch verputzt hätte – es hätte mich nicht gewundert.

Finden Sie nicht auch, dass Kenntnis und Anwendung von Umgangsformen merkwürdig hohl und steif wirken, wenn sie nicht zugleich die eigene innere Grundhaltung widerspiegeln? Ohne eine respektvolle Einstellung nützt auch das vordergründig beste Benehmen nichts. Die Regeln sind das Instrument. Für die Melodie aber sorgt die richtige Einstellung.

Ein Tipp von mir: Versuchen Sie nicht, aus Ihren Kindern kleine dressierte Äffchen zu machen. Kinder sind sehr fantasievoll, gestalten Sie ein Spiel. »Stell dir vor, wir sind heute bei einer vornehmen alten Dame zu Gast, wie verhalten wir uns?« Oder: »In der Räuberhöhle feiern die Räuber heute ein Fest, es gibt ein tolles Essen. Was denkst du, wie sind deren Tischmanieren?«

Auf diese Weise werden Sie feststellen, dass Ihre Kinder eine ziemlich genaue Vorstellung haben vom Benehmen bei Tisch.

Kinder lernen leicht oder: Warum Eltern auch mal Nein sagen müssen

Kindern Tischregeln beizubringen ist einfacher, als man denkt. Viele Eltern fürchten heutzutage, ihren Kindern zu schaden, wenn sie sie mit Ver- und Geboten konfrontieren. Sie wollen die kindliche Lust und Neugier nicht einschränken, den Kindern Frustrationserlebnisse ersparen – und lassen ihnen deshalb oft ohne großen Widerstand alles durchgehen.

Ich halte dies für ein Missverständnis. Kleine Kinder sind lustorientiert. Sobald sie Schokolade sehen, und möchten sie diese verständlicherweise haben. Bekommen sie ihren Willen nicht, ist das für den Moment frustrierend. Aber noch schlimmer werden die Bauchschmerzen sein, wenn sie die ganze Tafel auf einmal aufessen. Kinder können noch nicht vorausschauen. Also müssen wir Eltern in diesem Fall dem Schokoladengenuss ein rechtzeitiges Ende setzen, um Bauchschmerzen vorzubeugen. Nein zu sagen, Grenzen zu setzen, ist ein Ausdruck von elterlicher Fürsorge. Durch die Konfrontation erfährt das Kind seine Grenzen, die auf lange Sicht mehr Sicherheit vermitteln.

Unsere Gesellschaft funktioniert über die Einhaltung von Regeln, und auch unsere Kinder müssen wir mit diesen Spielregeln rechzeitig vertraut machen, damit sie später in der Gesellschaft zurechtkommen! Die Familie bietet hierfür einen geschützten, liebevollen Raum und ist somit für erste Trockenübungen geeignet.

Im alltäglichen Umgang miteinander machen wir unsere Kinder mit gesellschaftlichen Regeln vertraut. Wenn dies liebevoll und geduldig geschieht, lernen Kinder mit Freude. Sie vertrauen uns Erwachsenen, die konsequente Richtlinien vorgeben, selbst wenn – oder vielmehr *gerade* wenn – deren Einhaltung mit einer gewissen Strenge eingefordert wird.

Beharrlichkeit und Wiederholung lauten die beiden Zauberwörter, mit denen man die Regeln immer wieder ins Gedächtnis ruft. Zugegebenermaßen ist das eine schwierige Aufgabe. Hat man sein Kind zehnmal aufgefordert, nicht mit der Gabel im Essen herumzustochern, reißt beim elften Mal der Geduldsfaden. »Jetzt reicht's aber. Habe ich dir nicht schon tausendmal gesagt, du sollst ...« Was ich unter Erziehung verstehe, ist kein Drill, sondern eher eine gebetsmühlenartige Überzeugungs- und Erinnerungsarbeit. Bringen Sie die Gelassenheit auf, das Kind immer und immer wieder an ein bestimmtes Verhalten zu erinnern. Durch Erklären und gleichzeitiges Vorleben kommen Sie damit zum Ziel. Aber ich kann Ihnen aus eigener Erfahrung sagen: Das kann dauern ...

Beim Thema Händewaschen scheinen meine tausend Ermahnungen in Mariettas Kopf angekommen zu sein.

Nachdem sie kürzlich Ferien auf dem Pferdehof gemacht hatte, rief mich eine Freundin an und verblüffte mich damit, dass meine Tochter offenbar als einziges Kind abends vor dem Essen ans Händewaschen gedacht hatte. Also geben Sie nicht auf!

Hingegen ist meine Überzeugungsarbeit, wenn es ums Tischdecken geht, noch in der Findungsphase. Dass das Besteck nicht einfach kreuz und quer verteilt wird, möchte sie zumindest zu Hause nicht einsehen. Wahrscheinlich wird sie ihren Kindern irgendwann mit den gleichen Worten erklären, warum »es nicht egal ist, wie Messer und Gabel liegen«.

Wie kontraproduktiv für die Eltern eine restriktive Basta-Erziehung sein kann, habe ich von einem Bekannten erfahren, der aus bestem Hause stammt und heute Direktor eines Hotels ist. Seine Eltern erzogen ihn sehr streng und nicht ohne Verkrampfung. Waren sie gemeinsam im Restaurant, versetzte ihm die Mutter Tritte unter dem Tisch, um ihn auf irgendeinen »Fehler« aufmerksam zu machen. Dass diese Erziehungsmaßnahme jedoch auch einmal nach hinten losgehen könnte, hätte sich die Mutter meines Bekannten nie im Traum gedacht. Als er nämlich im Rahmen eines großen Gelages wieder einmal einen heimlichen Fußtritt kassierte, fragte er laut und in aller Unschuld in die Runde: »Warum trittst du mich denn, Mutter?« Dieser verbale Rücktritt hatte gesessen, und fortan hatte mein Bekannter mit Damen unter dem Tisch nur noch angenehmen Fußkontakt.

So klappt der Restaurantbesuch

Wollen Sie sich mit Ihrem Partner einen besonderen Abend gönnen, mit einem mehrgängigen Menü in einem feinen Restaurant, dann sollten Sie ihn am besten ohne Kinder erleben. Der Abend zu zweit tut jeder Partnerschaft gut. Es ist einfach schön, mal mit dem Partner einen Satz im Ganzen, ohne fünfmalige Unterbrechung, sprechen zu können. Sich von der Speisekarte etwas auszuwählen, ohne sich dabei auf die Vorlieben eines weiteren Tellerpickers einzustellen. Und Eltern wissen es auch sehr zu schätzen, servierte Gerichte heiß zu essen und sich nicht ständig in Hab-acht-Stellung auf mögliche kleine Katastrophen einstellen zu müssen.

Der Restaurantbesuch muss nicht unbedingt teuer sein. Ein Picknick bei Sonnenuntergang oder eine Pizza beim Lieblings-Italiener erfüllen den Zweck ebenso. Möchte man allerdings als Familie essen gehen, würde ich einige Punkte beachten.

Erste Restauranterfahrungen mit Marietta habe ich in eher rustikalen Wirtshäusern und Biergärten gesammelt. Wenn die Kinder Gefallen daran finden und sich angemessen verhalten, kann man beim nächsten Mal zu einem netten Italiener gehen. Restaurantbesuche lassen sich so bis hin zum feinen Lokal steigern. Mit Kindern, die gerne ausgehen, können Eltern eine Hit-Liste erstellen: Wohin möchte man mal gemeinsam gehen? Und wann ist das Kind dafür reif genug? Ein Besuch in einem schicken Restaurant kann für Kinder ein Anreiz sein, ihre Tischmanieren zu zeigen.

Am besten gehen Sie in Lokale, die Rücksicht auf den Bewegungsdrang der jungen Gäste nehmen, also entweder einen Spielplatz im Freien oder eine Kinderecke im Haus anbieten. Fehlt eine solche Möglichkeit, können Sie selbst für die Unterhaltung der Kinder – in angemessener Lautstärke – sorgen, indem Sie Malutensilien oder kleine Tischspiele mitnehmen. »Stadt, Land, Fluss« ist bei uns der Renner. Wir freuen uns, wetteifern, diskutieren – langweilig wird's jedenfalls nie.

In meinem eigenen Interesse bevorzuge ich Restaurants, in denen die Möglichkeit besteht, dass für jeden Geschmack etwas dabei ist. Damit meine ich aber nicht die uns allen bekannten Kinder-Menüs. Die farbenfrohen Speisekarten ähneln sich nicht nur im Wortlaut. Schnitzel à la Bibi Blocksberg oder der Pumuckelteller (sprich Würstl mit Pommes) kommen den meisten Eltern bekannt vor.

Warum nur werden Kinder auf die Einheitsteller der Kinderkarte reduziert, anstatt wie ihre Eltern geschmacklich auch mal etwas Neues erleben zu dürfen?

Wenn ich mit meiner Tochter im Restaurant bin, studieren und beraten wir uns gemeinsam über das Speisenangebot. Was gibt es? Worauf haben wir Lust? Was hört sich interessant an? In jedem Lokal bekommt man auf Nachfrage auch eine kleine Portion des Wunschgerichts. Gerade im Restaurant können Kinder die genussvolle Erfahrung machen, dass es durchaus lohnenswert ist, auch mal etwas anderes zu bestellen als Nudeln mit Soße.

Ein Restaurantbesuch sollte für Kinder ein besonderes Ereignis sein, bei dem das Kind weiß, heute ist gutes Benehmen angesagt. Damit meine ich nicht, dass sie stumm und steif mit perfekter Manier das Besteck handhaben müssen. Es sollte ihnen jedoch bewusst sein, dass die anderen Gäste des Restaurants sehr unterschiedliche Erwartungen haben. Ob sie zum Beispiel ihren Hochzeitstag oder einen anderen besonderen Anlass feiern oder einfach nur die Kochkünste des Koches genießen möchten: Der Wunsch ist für alle gleich, sie möchten den Besuch im Lokal genießen. Sprechen Sie mit Ihren Kindern schon im Vorfeld darüber, dass ungezügeltes Benehmen und fehlende Manieren rücksichtslos sind und anderen die Freude verderben.

Leidgeprüfte Gäste oder Eltern kennen aus Erfahrung die üblichen Störfaktoren. Zu den Top Ten zählen lautes Reden, Rufen, Herumtoben und Schreien. Kinder sollten so essen können, dass das Gericht überwiegend auf dem Teller bleibt und nicht weiträumig auf oder unter dem Tisch verteilt wird. Logischerweise gelten die oben genannten Anforderungen an »appetitliches« Essen im Restaurant natürlich genauso wie zu Hause.

Das besondere Essen im Lokal ist eine Gelegenheit für größere beziehungsweise heranwachsende Jugendliche, die zu Hause erlernten Tischregeln in verfeinerter Form auszuprobieren: Hier können sie in der Praxis umsetzen, wie für mehrere Gänge aufgelegtes Besteck von außen nach innen benutzt wird. Oder dass das Weinglas am Stiel gehalten wird. Dass der Mund vor dem Trinken abgetupft wird, damit nicht die Spuren sämtlicher Gänge auf dem Glas abzulesen sind. Die auf den Tisch gestellte Wasserschale ist ein Hinweis darauf, dass ein Gericht – zum Beispiel Spareribs oder Garnelen – mit den Fingern gegessen werden darf. Und dass diese dann mit der extra dazu gereichten Serviette abgetrocknet werden, nicht mit der, die auf dem Schoß liegt.

Für manche stellt eine Buffet-Einladung eine besondere Herausforderung dar. Zum einem muss man des Öfteren seinen Sitzplatz verlassen, und zum anderen wird man mit einer riesigen Auswahl an Speisen konfrontiert, auf die es andere Menschen ebenfalls abgesehen haben, so werden Letztere zu potenziellen Konkurrenten. Eine Art Futterneid wird wach und verwandelt normalen Appetit in einen aufflackernden Mordshunger. Da werden Teller voll beladen, um diese dann vorsichtig balancierend zum Tisch zu tragen. Für den geräucherten Lachs ist plötzlich Schluss mit der köstlichen Einmaligkeit, und er muss seinen Platz auf dem Vorspeisenteller mit der Entenbrust teilen. Vor lauter Sorge, dass die Schüsseln mit den herrlichen Desserts leer sein könnten, bevor man selbst so weit ist, sichert sich so mancher gleich anfangs eine schöne große Portion davon. Schade nur, dass nach vier vollen Tellern hinterher beim besten Willen die Nachspeise nicht mehr reinpasst und stehen bleibt.

Bevor verschiedene Soßen auf dem Teller eine optisch und geschmacklich undefinierbare Pfütze ergeben, legt man also unterschiedliche Gerichte besser von vornherein getrennt auf und hält sich an die Menüfolge: Zuerst isst man die Vorspeisen – jede für sich –, bevor man zum Hauptgang übergeht. Damit das Rinderfilet nach Rinderfilet schmeckt und keine Nuancen von Heringssalat enthält, ist es sinnvoll, für jeden Gang einen frischen Teller und ebenfalls frisches Besteck zu verwenden.

Auf einen Blick: Der Sinn von Tischmanieren

Manieren sind eine Form von Respekt in der Gesellschaft: gegenüber der Person, die gekocht hat, den anderen Tischgenossen, der gekochten Speise und ebenfalls uns selbst gegenüber.
Die Familienrunde hat Auswirkungen auf das gesamte private wie gesellschaftliche Leben. Wenn Kinder Umgangsformen erlernen, mit denen sie Achtung vor anderen und vor sich selbst ausdrücken, ist dies zugleich ein ausgezeichnetes Training für Selbstbewusstsein und Selbstsicherheit.
Auch wenn Regeln ihr Lustprinzip zunächst einschränken, so vermitteln sie ihnen doch unbewusst Halt und Orientierung im familiären Miteinander.
Eine früh in der Familie erworbene Tischkultur erleichtert zudem gesellschaftlichen Erfolg, der sich nicht selten bei geschäftlichen oder anderen Ereignissen in gehobenen Restaurants entscheidet.
Jean Anthelme Brillat-Savarin hat es treffend formuliert:
»Sag mir, wie du isst, und ich sage dir, was du bist.«

Kleine Fundgrube für besondere Anlässe

Eine Familienmahlzeit findet im normalen Alltag am Esszimmertisch statt. Nachhaltig in Erinnerung bleiben außergewöhnliche (Familien-)Feste. Picknicks, Schlemmerfrühstücke, Brotzeiten auf Wanderungen, Geburtstagspartys und natürlich die festlichen Tafeln. Solche Anlässe können ebenfalls zu Traditionen werden; sie sind seltener als das alltägliche Familienessen und zählen deshalb zu den besonderen Highlights in unserem Alltag.

Geburtstage

Kindergeburtstage sind immer für alle Familienmitglieder aufregend und ereignisreich. Auch hier ist es wunderbar, wenn Familien ihre eigene Art finden, den Tag zu feiern.

> *Marietta habe ich an ihrem vierten Geburtstag mit Musik und einem mit brennenden Kerzen verzierten Geburtstagskuchen geweckt. Seitdem fordert sie diesen Auftakt zu jedem Geburtstag.*

Wegen meiner von Kindheit an ausgeprägten Schwäche für österreichische Backwaren in Form von Sachertorte und Ähnlichem bedeutete es ein großes Glück, dass ich mir zum Geburtstag immer einen Kuchen wünschen durfte. In besonderer Erinnerung geblieben ist mir eine Malakoff-Torte, die es zu meinem zehnten Geburtstag gab. Sie war nicht rund, sondern eckig, und obendrauf saß ein kleiner Marzipanelefant.

Während der Grundschulzeit durften mein Bruder und ich zum Geburtstag vier Freunde einladen und mit ihnen an der Bar unseres Restaurants essen. Mein Geburtstagsmenü enthielt keine großen Überraschungen. Denn Jahr für Jahr hatte ich den gleichen Menüwunsch: Lammcrepinetten, Kartoffelgratin und Topfenknödel mit Zwetschgenkompott. Zugegeben, aus heutiger Sicht eine ungewöhnliche Art, Kindergeburtstag zu feiern, aber wir haben es geliebt, und unsere kleinen Freunde wohl auch.

Bis heute begeistern mich die Raclette- und Fonduetreffen mit meinen Freunden, zu denen jeder etwas mitbringt. Die Vorbereitung hält sich in Grenzen, alle sitzen gemeinsam am Tisch, und jeder brutzelt sich das, was er am liebsten mag.

Mittlerweile sind Kindergeburtstage ja vom allgemeinen Eventwahn erfasst. Schon im zartesten Alter haben Kinder alles erlebt: vom Theater- bis zum Museumsbesuch einschließlich kunstpädagogischer Schnitzeljagd. Jahr für Jahr überlegt man sich Haare raufend, womit man alles bisher Dagewesene noch toppen könnte. Ich weiß ja nicht, wie es Ihnen geht, aber mich hat das gestresst. Irgendwann habe ich beschlossen: *Back to the roots!* Wir haben Kindergeburtstage einfach wie früher organisiert: mit Spielen wie Schokoladeessen, Eierlaufen, Sackhüpfen. Als Krönung durften die Kinder ihre Pizza selbst belegen oder Waffeln backen. Abends lag ein erschöpftes Geburtstagskind lächelnd im Bett und wünschte sich: »Nächstes Jahr bitte wieder so.«

Zu Mariettas zehntem Geburtstag brachte jedes Kind einen leeren Rucksack mit, der wurde mit Proviant, bestehend aus Butterbrezen, gebratenen Hähnchenkeulen, Gurkenherzen, kleinen Schokokuchen, Obstspießen und Getränken, gefüllt. Dann machten wir uns auf eine kleine Wanderung mit »Mutproben«, Schatzsuche und einer Badepause. Sollte diese Alternative Sie reizen, hier mein Tipp: Nehmen Sie zur Unterstützung eine gute Freundin oder die Oma mit.

Und falls Sie nervenstark sind, können Sie die Kinder gemeinsam ein Geburtstagsmenü kochen lassen. Besonders gut gefällt ihnen, zusammen Brot zu backen und anschließend ihr eigenes Gebäck mit nach Hause zu nehmen. Mutige Mütter dürfen jugendlichen Geburtstagsfeiernden auch schon mal die Küche ganz überlassen. Kalkulieren Sie die Zeit der Aufräumarbeiten hinterher mit ein.

Damit Kinder auch selbst ein Bewusstsein für Traditionen entwickeln können, müssen wir ihnen entsprechende Anstöße geben. Nicht nur ihr Geburtstag ist wichtig, sondern auch der der Oma, der Mama, des Onkels und natürlich auch der unserer Freunde etc. Es ist schön, anderen eine Freude zu bereiten. Allein die Geste, die besagt, ich hab an dich gedacht, zählt. Das kann in vielen Formen geschehen, zum Beispiel mit einem gemalten Geburtstagsset, einem ans Bett gebrachten Tee oder selbst gemachten Frischkäse, in ein Einmachglas gefüllt (siehe unten).

Selbst gemachter Frischkäse

300 ml Dick- oder Schwedenmilch
1 EL Schnittlauchröllchen
Salz, Pfeffer
Kaffeefilter mit Filtertüte

Die Dickmilch in den Kaffeefilter gießen und im Kühlschrank 24 Stunden abtropfen lassen. Die cremige Masse aus dem Kaffeefilter in eine Schüssel geben.
Mit einem Löffel Salz, Pfeffer und feine Schnittlauchröllchen unterrühren.
Die Masse in ein Einmachglas abfüllen, ergibt circa 150 bis 200 g.
Etikett selber malen, Schleife dran – fertig!
Variationen mit Basilikum, Knoblauch oder Paprika schmecken auch ...

Von Wanderungen und Picknicks zu allen Jahreszeiten

Kinder essen für ihr Leben gern unterwegs, ob bei Kindergarten- und Schulausflügen oder Wanderungen mit der Familie. In meiner Kindheit gab es so manchen Ausflug mit meinen Eltern. Wandern gehörte damals offenbar nicht unbedingt zu meinen Leidenschaften. Mitten auf dem Weg blieb ich einfach stehen. Damit es irgendwie vorwärtsging, trug mein Vater mich dann auf den Schultern.

Zahlreiche Wanderungen erlebte ich auch mit meinen Großeltern, und bei meinem Opa funktionierte der Trick mit dem Stehenbleiben leider nicht so gut. Aber er hatte in seinem Rucksack immer eine so gute Brotzeit dabei, dass ich gern mitgegangen bin. In einer silbernen Blechbüchse lag, in Alufolie gewickelt, ein mit Butter bestrichenes Schusterlaiberl (eine Gewürzsemmel aus Sauerteig mit Kümmel und Anis). Wenn wir endlich eine Pause machten, schnitt er mit seinem scharfen Taschenmesser Scheibchen von einem Speckstück ab, säuberte das Messer dann rustikal an der Hose und viertelte damit kleine Äpfel. Schließlich gab es noch eine Runde Schokowaffeln und dazu selbst gemachtes Kräuterwasser. Gut gestärkt wurde nun der Gipfel gestürmt. Die Erinnerungen an die Wanderwege sind verblasst, nicht aber die an den Geschmack der herzhaften Brotzeiten.

Kräuterwasser

200 ml naturtrüber Apfelsaft
100 ml heller Traubensaft
300 ml Wasser (je nach Belieben mit oder ohne Kohlensäure)
Saft einer ½ Zitrone
4–5 Blätter Zitronenmelisse

Alle Zutaten gut gekühlt miteinander mischen und in eine Plastikflasche füllen, falls es auf eine Wanderung gehen soll.

Marietta fehlt genau wie mir damals die Wanderlust. Was auch hier als Lockmittel zieht, ist der prall gefüllte Rucksack und die Aussicht auf einen tollen Picknickplatz am See oder in einer Waldlichtung.

Überraschungs-Rucksackfüllung

Was kommt in den Rucksack? Na, zum Beispiel Mineralwasser mit frisch gepresster Zitrone und Orange, umwickelte Hühnerbeine, Kartoffelsalat, Karottenstreifen, Brezen mit Kräuterquark, kleine Spieße mit Minitomaten, Speck und Mozzarella, Früchtejoghurt, Äpfel und – ganz wichtig für die Motivation zwischendurch – Traubenzucker und Schokolade.
Nicht vergessen: Servietten, Taschentücher und Müllsäckchen.

Der obligatorische Sonntagsspaziergang in unserer Familie führte meist in den Englischen Garten. Manchmal nahmen wir uns eine Decke mit und spielten Federball. Zur Stärkung gab es Fleischpflanzerl mit Kartoffelsalat, die meine Eltern zu Hause vorbereitet hatten. Zum perfekten Picknickglück fehlte dann nur noch ein Eis, das wir uns beim Eishütterl holten.

In der kalten Jahreszeit bewege ich mich ungern aus dem Haus. Glücklicherweise haben wir einen kleinen See und einen Schlittenhügel in der Nähe. Gerne gehen wir dann Eislaufen oder Rodeln. Und Sie ahnen es sicher schon, dabei ist ein Rucksack. Mit roten Backen und hungrig machen wir es uns auf dem Schlitten gemütlich. Gegen die Kälte hilft ein heißer Punsch aus der Thermoskanne, neue Energie bringt der »Doppeldecker« aus dünnen Brotscheiben mit etwas Quark und Bananenscheiben.

Winterpunsch

500 ml Früchtetee-Mischung aus roten Früchten
300 ml Kirschsaft (wahlweise passt auch Heidelbeersaft)
100 ml Orangensaft
1 Stange Zimt
2 Nelken
Stück Zitronenschale
Honig nach Belieben

Den Früchtetee kochen; nachdem der Tee gezogen hat, die restlichen Zutaten zufügen. Alles einmal aufkochen lassen. Gewürze vor dem Abfüllen entfernen.

In der besinnlichen Advents- und Vorweihnachtszeit stapelt sich bei mir meist die Arbeit. Um Marietta diese Zeit trotzdem als etwas Besonderes erleben zu lassen, haben wir ein gemütliches Ritual erfunden. Das beginnt mit dem gemeinsamen Tannenbaumeinkauf, der schon einige Zeit vor Weihnachten besorgt wird. Am gleichen Tag wird der Baum geschmückt. Abends verteilen wir Kissen drumherum und machen es uns gemütlich. Wir lesen bei Kerzenschein Geschichten vor und hören Musik. Dazu gibt es dann auf einem großen Tablett Kartoffelsuppe, kleine Brotecken, heißen Kakao und zum Dessert Pfannkuchenröllchen oder Weihnachtskekse. Dieses Tannenbaum-Picknick bringt Ruhe in die sonst ziemlich hektische Weihnachtszeit.

Heiligabend verbringen wir traditionell im Familienkreis, mal bei uns, mal in der Familie meines Bruders, mal bei einem Elternteil, und wir nehmen alle daran teil. Diese Abende sind mir sehr wichtig, und aufgrund der hohen Erwartungen, die sich an emotional aufgeladenen Tagen wie Heiligabend einstellen, entwickeln sich die Vorbereitungen für mich – eine typische Perfektionistin! – immer extrem stressig. Alles soll für diesen Tag besonders toll sein.

Die damit verbundenen Erwartungen sind kaum zu erfüllen, jedenfalls für mich, und bis zur letzten Sekunde wird noch gemacht und getan. Geht die Feier, deren Ursprung eigentlich besinnlich sein soll, endlich los, bin ich erschöpft. Und jedes Jahr nehme ich mir vor, es im nächsten Jahr anders zu machen.

Inspiriert durch unser vorweihnachtliches Tannenbaumritual haben Marietta und ich uns beim letzten Weihnachtsfest ausgeklinkt und den Heiligabend nur zu zweit verbracht. Das Menü basierte auf Mariettas Wünschen. Sie ist in ihrer Wahl (genau wie ich) traditionell veranlagt. »Alle Jahre wieder ...« Es gab Feldsalat mit Speck, Entenbrust mit Blaukraut und Knödeln und abschließend Schokoladenmousse. Nicht zu vergessen die heiße Zimtmilch mit Vanillekipferln, die wir nach der Kirche zu uns genommen haben. Gemeinsam bereiteten wir das Menü vor und aßen vor unserer kleinen Bescherung. Eine geschenkte Zeit, die wir gemeinsam genossen haben.

Zunächst fürchtete ich, dass unsere Familie vor den Kopf gestoßen wäre, wenn Marietta und ich uns an diesem Tag ausklinken würden. Das war überhaupt nicht so, zumal wir am ersten Weihnachtstag alle miteinander eine schöne Familienfeier hatten. Marietta fand unseren etwas anderen Heiligabend zu zweit auch sehr schön, und meinem (hausgemachten) Stress haben wir so ein Schnippchen geschlagen.

Übrigens gibt es noch andere immer wiederkehrende Anlässe, die mit hohen Erwartungen verbunden sind. Außer Geburtstagen und anderen Jubiläen fallen mir noch Valentins- oder Muttertage ein. Werden Sie auch schon lange vorher unruhig, weil Sie diesmal das ultimative Geschenk finden wollen? Umgehen Sie den Stress für sich und Ihre Familie, indem Sie mit persönlichen Kleinigkeiten die Botschaft senden: »Ich hab an dich gedacht.«

Das kann sich in Form eines besonders schön gedeckten Tisches, einer kleinen Einladung mit Freunden oder des Lieblingskuchens, gebacken zum Beispiel in Herzform und hübsch verziert, ausdrücken. Es zählt die gedankliche Auseinandersetzung mit der Person, der man eine Freude machen möchte.

Die Tochter einer Freundin im Teenageralter überraschte diese zum Muttertag mit einem ans Bett gebrachten Frühstück und einem Gutschein über viermal zusammen Wandern »ohne maulen«. Und er wurde sogar schon eingelöst!

Schlemmerfrühstücke, Slunch & andere Gelegenheiten

Spaß macht auch ein Sonntags-Langschläfer-Brunch, bei dem spätes Frühstück und das Mittagessen eine Kombination bilden. Ihrem Ideenreichtum sind hier keine Grenzen gesetzt. Es genügt durchaus die Standard-Frühstücksausführung, beginnend mit einem abwechslungsreich bestückten Brotkorb (Inhalt je nach Zeit selbst gebacken oder vom Bäcker) über Marmelade, verschiedene Käse- und Wurstsorten, frische Säfte und Eiergerichte bis zu Obstmüsli oder Joghurt-Mischungen, angerichtet im kleinen Einmachglas. Wer es noch üppiger mag, gibt noch geräucherte Lachs- und Forellenfilets, kleine Pasteten, Salate und Kuchen dazu.

Neben Kaffee und Tee wird auch immer noch gern ein Schluck Prosecco getrunken, natürlich nur, um den Kreislauf in Schwung zu bringen ...

So schön so ein Brunch oder Slunch auch ist, einige Vorbereitungen sind zu treffen. Da bietet es sich doch an, Familie und Freunde dazu einzuladen. Der Spaß wird noch gesteigert und die Vorbereitungsarbeit minimiert, wenn die Gäste auch einen Beitrag zum Frühstücksbuffet mitbringen.

Ein Slunch (so nennt sich die Kombination aus Supper und Lunch) oder Brunch lässt sich je nach Jahreszeit auch mit verschiedenen Themen gestalten. Zur Sommerzeit planen wir einen mediterranen Brunch im Freien. Das Speisenangebot bietet marinierte Antipasti, kalte Suppen, Bowle, Pasta mit verschiedenen Soßen und Pestos, Obstsalate und Eisvariationen. Im Herbst ist Saison für Kürbisse in allen möglichen Ausführungen. Auf dem Land sieht man die unterschiedlichsten Exemplare am Straßenrand aufgetürmt. Davon suchen wir uns einige aus. Zu Hause werden sie in Gruselgesichter verwandelt oder kommen als Suppenschüssel zum Einsatz. Kürbis ist übrigens sehr vielseitig. In Form von Suppe, als pikant gewürzte gebackene Spalten, im Brot und auch als Dessert schmeckt er fein.

Gefällt Ihnen die Idee vom Essen nach Motto? Dann lassen Sie Ihrer Fantasie (und der Ihrer Familie) freien Lauf: Warum nicht mal ein Farben-Buffet mit nur oder überwiegend roten oder gelben Gerichten? Was würde Ihnen alles einfallen zu einem Fingerfood-Tag? Sie können natürlich auch statt eines Brunchs eine Themen-Party organisieren, zum Beispiel ein Maharadscha-Fest mit indischen Speisen oder ein sommerliches Karibik-Event mit entsprechender Musik.

Grill- und Lagerfeuerfreuden

Beim gemeinsamen Grillen an einem sommerlichen Abend herrscht immer eine vergnügliche Atmosphäre. Auch wenn der Urlaub noch in weiter Ferne ist, kann man ihn schon mal für einen Abend herbeizaubern: Durch die laue Luft ziehen die typischen würzigen Grilldüfte, und für eine kleine Weile vergessen wir den Alltagsstress. Grillfreuden sind einfach und spontan zu haben. Auch muss man kein großer Koch sein, um ein paar Bratwürstchen oder Ähnliches auf den Teller zu zaubern. Weder erfordern sie einen komplizierten Gartengrill noch muss man das Grillgut lange vorbereiten. Selbst für Menschen ohne Garten – und dies trifft auch für uns zu –, gibt es eine Ersatzlösung: Grillen auf dem Balkon. Etwas zweckentfremdet kommt unser Raclette-Grillgerät auf den Tisch. Darauf brutzeln dann gemischte Spieße und Garnelen, als Beilage gibt's lauwarmen Kartoffelsalat.

Besondere Erinnerungen an Grillfeste werden auch manchen Kindergartenkindern beschert. Im Rahmen von Erlebnistagen auf einem Bauernhof sammelt so mancher Zwerg seine ersten Lagerfeuererfahrungen. Dabei wird an selbst gesammelten Stöcken Stockbrot gebacken, Maisspieße werden gegrillt und Kräuterfolienkartoffeln aus der Glut gegessen.

Stockbrot-Spezial à la Karsten

1 kg Mehl
1 Hefewürfel
1 TL Salz
1 Prise Pfeffer, Oregano, Thymian
5 EL Olivenöl
200 g Pinienkerne

Hefewürfel im warmen Wasser (circa 400–500 ml) auflösen und mit den übrigen Zutaten in einer Schüssel vermengen. Eine Stunde abgedeckt gehen lassen, dann noch mal verkneten. Aus dem Teig faustgroße Kugeln machen, die die Kinder zu daumendicken Schlangen ausrollen und dann spiralförmig um die Spitze eines etwa 1,5 Meter langen Stocks wickeln (im Idealfall ist der Stock sauber). Ins Feuer, im Idealfall über die Glut halten, bis das Brot golden und knusprig ist. 50 Prozent werden ohnehin schwarz, aber so ist das nun mal beim Stockbrot.

TV- und Junkfood-Abende

Ich hatte schon über kleine Ausnahmen gesprochen, die Fernsehen und gleichzeitiges Essen betreffen. Da so ein gemütlicher Fernsehabend zwischendurch durchaus seinen Reiz hat, komme ich nochmals darauf zurück. Nicht nur für Kinder ist so ein Filmabend toll, wenn sie ihre Snacks vorher selbst zubereiten. Statt der Salzstangen aus der Tüte stehen auf dem Wohnzimmertisch selbst gewürzte Mandeln und Nüsse, frisches Popcorn oder selbst gemachte Chips.

Kartoffel-Chips

500 g Kartoffeln
1 l Pflanzenöl

Die Kartoffeln schälen und mithilfe eines Gemüsehobels in dünne Scheiben hobeln. Mit einem Küchentuch trocken tupfen.
Das Öl in einen Topf oder eine Fritteuse geben und erhitzen. Die Kartoffelscheiben darin circa 3 Minuten goldgelb frittieren.
Auf einem Küchenkrepp entfetten.
In eine große Schale geben und mit der hauseigenen Würzmischung bestreuen. Die Würzmischung kann zum Beispiel bestehen aus Paprika (edelsüß), Curry, Salz, Pfeffer etc.

Dazu kann man mit Servietten umwickelte kleine Sandwichdreiecke futtern, die griffbereit auf Tellern liegen, oder kleine Minipizzen.

Und da wir schon dabei sind, überlegen wir gleich, was noch fehlt, damit es ein richtig gelungener Fast-Food-Abend wird. Richtig! Hamburger, Fritten und Chicken Nuggets. Nur holen wir uns das alles nicht vom »Amerikaner um die Ecke«, sondern machen es selber. Unser »Fast

Food« wird aus frischen Zutaten wie Kartoffeln, Bio-Rinderhackfleisch und Hähnchenbrustfilet, das wir panieren oder marinieren, gemacht.

Fast Food einmal anders, das soll für Kinder eine geschmackliche Erfahrung sein, bei der sie feststellen, dass man die beliebten Snacks auch selbst herstellen kann. Das Argument, dass es auch gesünder ist, wird die Kids bestimmt nicht so sehr interessieren, wohl aber der Geschmack! Diese Events würde ich unter der Rubrik »Kalorienfallen« abbuchen, obwohl die Snacks aus hochwertigen Rohstoffen gekocht wurden. Selbst gemacht schmeckt klasse, keine Frage, beim Kalorienanteil jedoch besteht zum gekauften Fast Food aus dem Schnellrestaurant kaum ein Unterschied.

Auf einen Blick: Ideen, die das Miteinander noch ein bisschen schöner machen!

Besondere Anlässe im Freundeskreis oder in Familienrunden werden meist als Fest geplant. Ein Fest kann man auch im kleinen Kreis feiern! Ob an Geburtstagen, Weihnachten, zur bestandenen Prüfung oder ganz spontan: Den Wert des Zusammentreffens betonen wir mit köstlichen Gerichten und der entsprechenden Gestaltung unserer Umgebung. Gewissermaßen Streicheleinheiten für die Seele und den Gaumen.

Gern und gut essen – und trotzdem bekömmlich

»Wir leben nicht, um zu essen, wir essen, um zu leben.«
Sokrates

Neben dem sozialen und kulturellen Aspekt hat das Essen vor allem einen ganz simplen Zweck: uns am Leben zu erhalten.

Was wir schlucken, gelangt in unseren Körper und sollte unsere Zellen möglichst so ernähren, dass wir auf Dauer gut und ausgewogen versorgt sind. Unsere sich verändernden Ess- und Ernährungsgewohnheiten sind ernst zu nehmende Themen. Angefangen von gestörtem Essverhalten bis hin zu Diabetes, der heute schon bei Kindern und Jugendlichen auftritt. Deshalb möchte ich an dieser Stelle ein paar Worte über »gesunde Ernährung« anbringen.

Wie wir uns heute ernähren

Der Blick auf die Zahlen der aktuellen Kinder- und Jugendgesundheitsuntersuchung KiGGS des Robert-Koch-Instituts bestätigt, was wir mit eigenen Augen täglich auf den Straßen sehen: 15 Prozent aller Kinder und Jugendlichen haben Übergewicht, 6,3 Prozent davon leiden unter Fettsucht, einer nicht zu unterschätzenden Krankheit. In absoluten Zahlen entspricht das circa 1,9 Millionen Übergewichtigen, davon etwa 800 000 Fettsüchtigen. Seit den Neunzigerjahren hat sich der Anteil dicker Kinder und Jugendlicher in Deutschland verdoppelt! Dies lässt sich auf die bedenkliche Veränderung des Essverhaltens und der Esskultur zurückführen, bei der auch zu wenig Bewegung eine Rolle spielt.

Es gibt Familien, in denen wird zu jeder Zeit und bei jeder Gelegenheit planlos gegessen. Für eine geregelte Mahlzeit hingegen wird eine bestimmte Nahrungsmenge – wie zum Beispiel zwei Steaks, fünf Kartoffeln – zubereitet und auf den Tisch gebracht, sie ist daher in gewisser Weise als portioniert anzusehen. Wenn man hingegen ständig snackt (um im modernen Wortlaut zu sprechen) – im Bus, auf der Straße, beim Lesen, Fernsehen oder bei sonstigen Tätigkeiten –, gerät die Nahrungsaufnahme außer Kontrolle.

Essen »to go« macht dick. Hiervon geht jedenfalls der Stoffwechselexperte und Vorsitzende der Stiftung Kindergesundheit Prof. Dr. Berthold Koletzko aus. Seiner Meinung nach nehmen Kinder, die unregelmäßige Mahlzeiten zu sich nehmen, durch das unkontrollierte Essen zwischendurch mehr Kalorien zu sich und haben ein doppelt so hohes Übergewichtsrisiko als andere Kinder.

Vielleicht ist Ihnen schon mal aufgefallen, dass viele Verpackungen heutzutage größer sind als früher. Flaschen, die noch vor zehn Jahren 0,75 Liter enthielten, haben ihre Größe glatt verdoppelt. Chips-Tüten gab es in vergangenen Zeiten schon mal in 60- oder 75-Gramm-Größe, was einem Drittel oder Viertel heutiger Packungen entspricht.

Amerikanischen Untersuchungen zufolge haben sich die Portionsgrößen innerhalb von zwei Jahrzehnten bei salzigen Snacks, Süßspeisen, Limonade- und Softgetränken, Fruchtsäften und Fruchtsaftgetränken, Pommes frites, Hamburgern und Tacos enorm vergrößert. Eine Portion Snacks enthält heute 93 Kalorien mehr als vor 20 Jahren, eine Portion Pommes 68 Kalorien und Hamburger 97 Kalorien mehr. Dabei ist nicht die Packungsgröße das Problem, sondern dass man dazu neigt, den Inhalt einer geöffneten Tüte auf einmal zu essen – und angesichts der XXL-Größen zu viel zu sich nimmt. Die vielen übergewichtigen Kids sind ein eindeutiges Zeichen hierfür.

Wie gesund sind moderne Lebensmittel?

Seit vielen Jahren beschäftigt uns das Thema Ernährung, und viel Kluges wurde bereits dazu gesagt. Eigentlich möchte ich deshalb darauf verzichten, hier Lebensmittel nach aufsteigendem Vitamin- und Nährstoffgehalt aufzulisten oder mit erhobenem Zeigefinger missbilligend auf Burger, Bratwurst und Pommes zu deuten. Eigentlich.

Trotzdem möchte ich Sie in Ihrem eigenen Interesse bitten, sich mit der Entwicklung von Lebensmitteln und deren Herstellung mehr zu beschäftigen.

Dazu fällt mir eine aktuell geführte Diskussion in den Medien zum sogenannten Analog-Käse ein. Dabei handelt es sich nicht um Käse, sondern um einen Mix aus Wasser, Eiweißpulver, Pflanzenölen wie Palmöl sowie Emulgatoren, Aroma- und Farbstoffen, Geschmacksverstärkern und Salz. Dieser Kunstkäse ist billig herzustellen und wird vor allem in Convenience-Produkten wie Pizza, Lasagne, Cheeseburger und Käsebrötchen und manchmal sogar als Feta in griechischem Salat verwendet, und zwar in einer Menge, die auf jährlich 100000 Tonnen geschätzt wird. Zwar sind Lebensmittelhersteller verpflichtet, Inhaltsstoffe zu deklarieren, aber häufig wird mit unvollständigen oder auch irreführenden Bezeichnungen gearbeitet. Heißt es in Backshops beispielsweise, Produkte seien »überbacken«, wird die Verwendung von echtem Käse suggeriert, während tatsächlich gar kein Käse enthalten ist. Eines dürfte aber klar sein: Wenn eine Ware extrem billig ist, enthält sie mit hoher Wahrscheinlichkeit ein Imitat.

Die beruhigende Botschaft lautet: Analog-Käse ist nicht schädlich. Na bravo! Ehrlich gesagt, ist mein Ernährungsziel etwas unbescheidener: Ich möchte nämlich erstens genießen und zweitens, dass wertvolle, nährreiche Substanzen in meine Körperzellen gelangen.

Käse, der kein Käse ist, ist nur ein Beispiel von vielen. Machen Sie einfach mal einen Test beim nächsten Einkauf. Streifen Sie durch den Supermarktdschungel und greifen Sie sich beliebige Produkte heraus. Sie werden auf zahlreichen Verpackungen lange Listen mit mehr oder weniger verständlichen Inhaltsstoffen finden. Deren Sinn besteht darin, dem Lebensmittel eine längere Haltbarkeit, einen süßeren Geschmack und eine den Verbraucher ansprechendere Farbe zu geben. Mit gesunder Ernährung hat dies oftmals nur ganz am Rande zu tun.

Mehrere Studien belegen die Problematik von falscher Ernährung durch leere Kohlenhydrate wie zum Beispiel zu viel Zucker und Natriumchlorid, sprich Kochsalz, tierisches Fett, fehlende Ballaststoffe und geringen Nährstoffanteil. Die Körperzellen werden so nicht optimal versorgt, und daraus können Gesundheitsprobleme entstehen, die verschiedene Leistungseinschränkungen nach sich ziehen. (Zu diesem Thema gibt es übrigens ein tolles Kinderbuch von Margot Steinbicker: *Lisa und ihre Stowis.*)

> *Neulich im Supermarkt an der langen Kassenschlange: Um mir die Wartezeit etwas zu vertreiben, werfe ich unauffällig einen Blick in die umliegenden Einkaufswagen. Der junge Mann vor mir kauft mehrere Fertigpizzen, einen Kasten Bier, ein Toastbrot, Nutella, zwei Dosen Erbsensuppe und einen Bund Karotten. Eindeutig ein Single mit Zwergkaninchen. Hinter mir deutet alles auf eine riesige Party hin. Im Wagen stapeln sich zahllose Gläser mit Würstchen, Ketchup, Snacks in allen Variationen, Eier, Nudeln und zwei Tuben Mayonnaise, Rum und sehr viel Cola. Und die Familie schräg in der Schlange neben mir gerät völlig in Ekstase über die Chips im Sonderangebot, von denen gleich zehn Packungen im Wagen landen. Na dann: Prost Mahlzeit beziehungsweise Chips ahoi!*

Wenn Sie sich mit diesem Thema näher auseinandersetzen möchten, empfehle ich Ihnen, einen kritischen Blick in die Speisekammer zu werfen und dabei zu überlegen, welche Produkte sich bei Ihnen so angesammelt haben.

Okay, auch ich habe einen Blick riskiert. Bei mir würden Sie finden: Sauerkraut und Rotkraut aus der Dose, ein bis zwei Bio-Tütensuppen, ein Glas fertiger Nudelsoße aus dem Reformhaus sowie eine Packung Bio-Kartoffelbrei. Allerdings ist der nicht mehr einsatzfähig, denn meine Tochter schmeckt den Unterschied mit der ersten Gabel.

Nun gibt es Lebensmittel, von denen jeder weiß, dass sie nicht unbedingt gesundheitsfördernd sind, wie eben Chips, Würstchen, Gulasch aus der Dose, Fünf-Minuten-Suppen oder Fertigpizza. Solche Produkte finden trotzdem reißenden Absatz, weil man mit einem Griff und ohne persönlichen Einsatz in Windeseile eine Mahlzeit auf den Tisch bringen kann. Ich unterstelle, dass sich die wenigsten Konsumenten dieser Produkte Gedanken darüber machen, welche und wie viele Zusatzstoffe etwa vonnöten sind, um ein komplett denaturiertes Fleisch in eine Zinkdose zu packen, damit das Gericht »ewig« haltbar bleibt, egal mit welchem Geschmack. Sonst würden diese Dinge sicher nicht gekauft.

Immerhin ist das Vertrauen in die Lebensmittel nach einer Reihe von Lebensmittelskandalen wie BSE, Dioxin, Nitrofen, Acrylamide oder Pestizide in Obst und Gemüse stark gesunken. Laut einer europäischen Studie, »Consumer Trust in Food«, sind deutsche Verbraucher EU-weit sogar am kritischsten. Das Thema Ernährung bekommt also immer mehr Gewicht.

Mir ist es ein Anliegen, dass wir kritischer auf das schauen, was uns in Supermarktregalen bunt, praktisch und verführerisch angeboten wird. Ich bin zutiefst davon überzeugt, dass man auch mit wenig Aufwand ein leckeres und gesundes Essen zustande bringen kann, das aus Produkten besteht, die wir pur und unverarbeitet beim Fleischer, beim Gemüsehändler oder auch in den Frischeabteilungen der Supermärkte kaufen können.

Wie wichtig ist das Essen in der Kita und der Schule?

Eine ausgewogene Ernährung in der Kindheit fördert ein natürliches, gesundes Ernährungsbewusstsein. Kinder, die von Anfang an mit nahrhaften Lebensmitteln versorgt werden, haben eine sichere Basis für Aufbau und Wachstum der Zellen angelegt. Dies ist eine gute Prophylaxe gegen die Entstehung ernährungsbedingter chronischer Krankheiten. Diese Erkenntnis kommt zumindest aus den USA, die als Erste von der Problematik falscher Ernährung betroffen waren.

Sie führte zu groß angelegten Programmen in der Ernährungserziehung in Kindergärten und Schulen. Kinder greifen bei gesunden Lebensmitteln zu, wenn ihnen diese ganz selbstverständlich angeboten werden. Gehören Obst und Gemüse zum alltäglichen Nahrungsprogramm, beeinflussen sie die Wahl der Kinder positiv. Auch in Deutschland kennen wir das Problem der minderjährigen Gesundheitsmuffel. Deswegen gibt es mittlerweile auf Länder- und Bundesebene sogenannte Schulobstprogramme: Der Plan ist, in den Schulen an Kinder Bananen, Äpfel und andere Früchte zu verteilen.

Da unsere Kinder oft ganze Tage im Hort oder in der Schule verbringen, essen sie nicht mehr nur in der Familie, sondern zunehmend außerhalb. Kindergärten und Schulen tragen somit einen großen Teil der Verantwortung bei der Ernährung von Kindern. Hierbei ist es wichtig, dass wir als Eltern an der jeweiligen Institution unser Interesse und – so weit es geht – Engagement zeigen. Fragen Sie gegebenenfalls nach Alternativen in Ihrer Umgebung. Mittlerweile gibt es einige ausgezeichnete Möglichkeiten, wie Kinder gut versorgt werden können. Astrid Penn, eine liebe Freundin von mir, führt zum Beispiel in München ein erfolgreiches Unternehmen, das Kindergärten, Schulen und Horte versorgt. Die Menüs sind lecker, ausgewogen und haben einen hohen Anteil an biologischen Nahrungsmitteln. Und das zu einem durchaus guten Preis-Leistungs-Verhältnis.

Die Soziologin Eva Barlösius vom Wissenschaftszentrum Berlin für Sozialforschung geht sogar noch weiter. Sie fordert die Einführung einer kontrollierten Schulverpflegung für alle Kinder. Gesundheitspolitische Appelle alleine reichen ihr zufolge nicht aus, denn nicht alle Menschen in unserer Gesellschaft haben ein ausgeprägtes Bewusstsein für dieses wichtige Thema. Und selbst wenn man sich mit gesunder Ernährung auseinandersetzt, ist sie oftmals im Alltag nicht leicht zu integrieren. Daraus entstand die Idee einer gesunden Schulspeisung.

Warum essen Kinder eigentlich nicht das, was sie sollen, beziehungsweise was wir wollen? Aus ernährungspsychologischer Sicht lautet die Antwort: Gegessen wird in erster Linie nicht, weil wir etwas mögen, sondern vor allem, weil wir es kennen! Um das Geschmacksspektrum der Kinder so früh wie möglich zu erweitern, ist vielseitige frische Kost wichtig. So kann sich Geschmack entwickeln. Im Kindesalter werden Ernährungsgewohnheiten erworben, die das Essverhalten ein Leben lang bestimmen. Erwähnen möchte ich an dieser Stelle auch den von Natur aus wohlschmeckenden Milchservice der Mutter, das Stillen. Begünstigt wird dadurch nicht nur eine gute Gebiss- und Gaumenentwicklung, sondern die Babys erfahren durch das Stillen bereits sehr früh verschiedene Geschmacksrichtungen, da sich die Muttermilch im Geschmack der Nahrung der Mutter anpasst. Essen kleine Kinder kein Obst und Gemüse, werden sie diesen Lebensmitteln auch als Erwachsene eher zurückhaltend begegnen. Daher rührt wohl auch die (nicht ganz fein ausgedrückte) Weisheit: »Was der Bauer nicht kennt ...«

In den ersten Lebensjahren betreiben wir großen Aufwand: stillen unsere Kinder, versorgen sie bestens mit allem, was Hipp & Co im Programm anzubieten haben. Mindestens genauso wichtig ist aber die weiterführende Ernährung in Kita und Schule etc. Gesund und abwechslungsreich sollte sie sein. Auf dem Speisezettel ganz oben stehen: Vollkornprodukte, Obst und Gemüse, Milchprodukte, Fisch, Fleisch, hochwertige Pflanzenöle. Wenn im Kindergarten die richtige Zubereitung vermittelt und das Essen in kindgerechter Atmosphäre eingenommen wird, können die Bemühungen der Familie gefestigt und weitergeführt werden.

Auch später in der Schule sollten Eltern versuchen, ihren Einfluss auf das Speiseangebot geltend zu machen. An vielen Schulkiosken beschleicht einen gelegentlich das Gefühl, das Angebot richte sich eher nach den Verdienstspannen als nach dem Nährwert des Pausenbrots.

Das Dortmunder Forschungsinstitut für Kinderernährung hat eine Empfehlung für das optimale Sortiment eines Schulkioskes erstellt. Das Angebot könnte folgendermaßen aussehen:

Speisen und Getränke im Schulkiosk	*Nährstoffe*
Vollkornbrötchen, Knäckebrot, Müslimischungen mit Sesam, Leinsamen, gehackten Nüssen und Getreideflocken, Frischkornbrei	Kohlenhydrate, Mineral- und Ballaststoffe, Eiweiß, Vitamine
Rohkostsalate, Gemüsestücke oder -stifte zum »Dippen«, Gemüsespieße oder Salat zum Brot	Vitamine, Mineral- und Ballaststoffe, sekundäre Pflanzenstoffe
Alle frischen Obstsorten der Saison, Früchtespieße, Trockenobst	Vitamine, Mineral- und Ballaststoffe, sekundäre Pflanzenstoffe
Milch, Buttermilch, Milchmixgetränke ohne Zucker, Joghurt, Dickmilch, Quarkspeisen, Brot mit Käse	Kalzium, Eiweiß
Ei, magere Wurst oder Fisch als Brotbelag (mit Salat)	Eiweiß, Fette, Mineralstoffe, Vitamine
Öl als Salatdressing, wenig Butter als Brotaufstrich	Fette, fettlösliche Vitamine

Versuchen Sie, in der Kita oder Schule Ihres Kindes einen Beitrag zum Thema Ernährung beizusteuern beziehungsweise – wenn es geht – diese aktiv mitzugestalten. Vielleicht gibt es die Gelegenheit, diese Liste zum nächsten Elternabend mitzunehmen. Anregungen in dieser Richtung werden oft gern aufgenommen.

Wenn es die Gegebenheiten erlauben, könnten Sie Aktionen anregen, bei denen Schüler in Absprache und Zusammenarbeit mit den Eltern und der Schule eigenverantwortlich kochen. Anlass hierfür kann zum Beispiel ein Sommerfest oder Weihnachtsmarkt sein. Meine Erfahrungen auf diesem Gebiet habe ich während Mariettas Kindergartenzeit gemacht: Es ging um die Zubereitung des Mittagsmenüs durch die Eltern. Eine Anleitung beziehungsweise Beratung durch einen Vollwertkoch oder eine Ernährungsberaterin ist bei so einem Projekt hilfreich.

Meine Tochter wird heute in der Schule bekocht, und das, wie sie sagt, sehr lecker. Elternbesuch wird immer gerne gesehen, Marietta aber wünscht sich eher, dass der Opa mal zum Mittagessen reinschaut!

Gesunde Ernährung im Alltag leben

1995 entwickelten die US-Behörden Department of Agriculture (USDA) und Department of Health and Human Services (DHS) Ernährungsrichtlinien, die unter anderem Empfehlungen für Kinder ab zwei Jahren enthalten. Demnach sollten Kinder

1. eine Vielzahl an unterschiedlichen Lebensmitteln essen,
2. ihre Nahrung mit körperlicher Aktivität ausgleichen und so das Körpergewicht erhalten oder verbessern,
3. eine an Vollkornprodukten, Obst und Gemüse reiche und
4. an Fett, insbesondere gesättigten Fettsäuren und Cholesterin, arme Ernährung sowie
5. wenig Zucker und
6. wenig Salz und Natrium erhalten.

Damit sich die Anforderungen an gesunde Ernährung in den Alltag umsetzen lassen, möchte ich noch zwei Anregungen geben, die meiner Meinung nach für den Erfolg der gelebten Esskultur wichtig sind: der bewusste Umgang mit Werbebotschaften und die Förderung von sportlichen Aktivitäten.

Die Werbung verfügt über ausgetüftelte Strategien, die zielsicher unsere geheimen Sehnsüchte ansprechen. Bedürfnisse werden geweckt, von denen wir zuvor noch gar nicht wussten, dass wir sie hatten. Selbst wir Erwachsene können uns dieser permanenten Manipulation kaum entziehen. Mir zum Beispiel fällt es schwer zu widerstehen, sobald es um neue Putzmittel geht. Die kindliche Psyche spricht auf die gezielte Suggestion noch schneller an.

Die unterschiedlichsten Produkte werden als Quellen des Glücks dargestellt. Familien sind selig, scherzen und freuen sich, weil der Kaffee schmeckt oder eine neue Nudelsoße. Die dabei transportierte Botschaft, die den Kindern vermittelt wird, lautet: Mit diesem Produkt wird meine Familie froh und glücklich. Dass dieser Wunsch in allen schlummert, ist klar, deshalb wird spätestens beim nächsten Einkauf Ausschau danach gehalten. Manchmal sogar als Höhepunkt einer Geburtstagsfeier.

Mein kleiner Neffe war unlängst zu einem Kindergeburtstag eingeladen. Seine Freundin hatte sich einen Kochkurs für Kinder im bekannten Suppen-Kochstudio gewünscht. Gespannt folgte ich einer Unterhaltung zwischen meinem Neffen und Marietta. »Und wie war das so?«, erkundigte sie sich neugierig. »Ach, eigentlich haben wir nur verschiedene Tüten aufgeschnitten und irgendwie verrührt.« Die Antwort stellte Marietta noch nicht zufrieden: »War's gut?« – »Na ja, eigentlich hat alles gleich geschmeckt«, meinte mein Neffe.

Wir können unseren Kindern einen bewussten Umgang mit raffinierten Werbeideen beibringen und sie über deren Wirkung und die Ideen, die hinter ihnen stecken, aufklären. Das bedeutet, dass Werbesendungen kein Bestandteil eines Fernsehprogramms sein sollten. Werden Sendungen unterbrochen, können die Werbepausen für andere Tätigkeiten, Zähneputzen oder Schlafanzuganziehen zum Beispiel, genutzt werden.

Ich bin mir bewusst, dass Kinder sich in der Schule über Werbespots unterhalten. Um Marietta nicht alltagsfremd und zur Außenseiterin zu erziehen, lasse ich sie auch gelegentlich Werbung sehen. Dann sprechen wir darüber, dass Puddings & Co. in Wirklichkeit nicht all das können, was in den Spots behauptet wird. Nicht der laufende Fernseher entscheidet über das, was wir ansehen, sondern wir wählen gemeinsam eine Sendung aus, schalten zu Beginn ein und nach der Sendung direkt wieder aus.

Allein das gesunde Essen reicht nicht aus, um fit zu sein. Auch Bewegung ist ein wichtiger Faktor für eine gute Lebensweise. Durch Bewegung werden Kalorien verbrannt, der Kreislauf angeregt und Muskeln aufgebaut. Wir alle wissen, Kinder verfügen über jede Menge Energie und bewegen sich gern, wenn sich ihnen die Gelegenheit bietet. Lange Schultage, Hausaufgaben, Fernsehen, Computer und Spielekonsolen minimieren die Zeit für den sportlichen Ausgleich.

Die Zeit, die für Schule und Hausaufgaben verwendet wird, ist nicht zu verändern. Doch die Zeiten der anderen Aktivitäten lassen sich neu definieren. Eine Möglichkeit ist, gemeinsam mit den Kindern einen Plan zu erstellen, in dem zum Beispiel ein Zeitfenster reserviert sein kann, das ausschließlich für eine gemeinsame sportliche Aktivität vorgesehen ist. Möglichkeiten bieten sich viele, Fußball spielen, joggen, radeln – und dabei tun Sie gleichzeitig auch noch etwas für Ihre Fitness.

Happy day – das gelungene Frühstück

Ich bin ein Frühstücksmensch. Schon nach dem Aufwachen freue ich mich auf mein Marmeladebrot und einen ersten Apfel. Am Wochenende nehmen wir uns mehr Zeit und essen frisch gebackenen Hefezopf, oder Marietta holt Semmeln vom Bäcker.

Das Frühstück als erste Tagesmahlzeit ist in allen Kulturen bekannt, wie und was dabei gegessen wird, unterscheidet sich jedoch erheblich. Während in Afrika und Asien oft das Gleiche gegessen wird wie zu anderen Tageszeiten auch, also eine Suppe oder ein anderes warmes Gericht, ist das europäische Frühstück überwiegend süß.

Aus ärztlicher Sicht ist das Frühstück die wichtigste Mahlzeit am Tag. Die über Nacht geleerten Depots müssen wieder gefüllt werden, mit Kohlenhydraten als Energielieferanten, Eiweiß für Muskeln und Nerven, Mineralstoffen und Vitaminen für Knochenaufbau und zahlreiche Körperfunktionen. Vor einem anstrengenden Schultag brauchen Kinder eine stärkende Nahrung, die den Körper und das Gehirn für den Tag fit macht. Und doch gibt es so viele kleine Frühstücksmuffel!

Lassen Kinder das Frühstück aus, hat das deutliche Auswirkungen auf ihr Leistungsvermögen. Umfragen zufolge kommen aber mittlerweile bis zu 30 Prozent der Schüler morgens mit leerem Magen in den Unterricht.

Das Frühstück sollte also auf die körperlichen und geistigen Anforderungen des Schultags optimal vorbereiten, mit Vollkorn, Milchprodukten und Obst. Vollkorn kann in Form von Brot, Müsli oder Haferflocken auf den Tisch kommen; Milch und Milchprodukte in Gestalt von Kakao, Quark, Joghurt, Dickmilch und Käse; und Obst je nach Jahreszeit frisch oder getrocknet, als Saft oder Smoothie, am besten frisch hergestellt.

Schnelle Fruchtmilch

1 gelber Pfirsich
1 kleine Mango
200 ml Milch
2 EL Joghurt

Pfirsich- und Mangostücke in ein hohes Gefäß geben und mit der Milch zusammen pürieren. Nach Wunsch Joghurt zugeben.

Achten Sie auf eine ausreichende Versorgung mit Kalzium, denn Kinder im Schulalter brauchen davon große Mengen für den Aufbau von Knochen und Zähnen. Neben Milch und anderen Milchprodukten ist Käse ein geradezu idealer Kalziumlieferant, denn er enthält auch noch viel Magnesium, das wichtige Aufgaben im Zusammenspiel von Nerven und Muskeln erfüllt. Außerdem enthält Käse die wertvollen B-Vitamine, die für Zellwachstum sorgen und gegen Stress wappnen.

Beim nächtlichen Schwitzen verliert man viel Flüssigkeit. Kinder, die nach dem Aufstehen wenig trinken, leiden deshalb häufig unter Müdigkeit, Konzentrationsmangel und Kopfschmerzen. Ideale Frühstücksgetränke sind Milch und Kakao, Kräuter- und Früchtetees, Wasser und Obstsäfte.

Welchen Grund kann es geben, dass mein Kind am Morgen die Nahrungsaufnahme verweigert? Dieser Frage sollte man zunächst auf den Grund gehen. Vielleicht ist es nur der Zeitfaktor, also zu knapp kalkulierte Zeit. Oder liegt es daran, dass mein Kind zu einem Eulenkind wurde und sich somit sein Rhythmus gänzlich verändert hat? Ach, Sie wissen nicht, was Eulenkinder sind? Eulenkinder sind pubertierende Heranwachsende, die, um es kurz zu machen, die Nacht zum Tag machen, da sie zu dieser Zeit leistungsfähiger sind. Dementsprechend fehlt am Morgen dann auch das Hungergefühl. Keine Sorge, diese Phase verwächst sich meist wieder.

Aber auch wir haben in unserem Alltag nicht immer Zeit und Geduld, um den Tag mit einem gesunden Frühstück zu beginnen.

Kommt Ihnen folgende Szene bekannt vor? Sie haben verschlafen, dabei liegt heute ein voller Tag vor Ihnen. Sie wissen nicht, was Sie anziehen sollen, und auch ein Blick aus dem Fenster bringt keine Klärung. Das Kind hat spezielle Frisurenwünsche, die in der Eile nicht von Erfolg gekrönt sind. Zu allem Überfluss ist der Schulranzen noch nicht gepackt, der Turnbeutel bleibt unauffindbar, und das Pausenbrot muss noch geschmiert werden. Hektik pur!

Wenn es morgens hektisch zugeht, überträgt sich diese Stimmung auf die Kinder. Sie erleben Eltern, die im Stehen einen schnellen Kaffee trinken, bevor sie aus dem Haus stürzen, und kommen von alleine gar nicht auf die Idee, dass man auch frühstücken könnte. Wollen wir, dass unser

Kind gut in den Tag startet, stehen wir am besten so rechtzeitig auf, dass noch Zeit für ein kurzes gemeinsames Tischfrühstück bleibt.

Um morgens Zeit zu sparen, kann man den Tisch schon am Vorabend decken und vielleicht so, dass kleine Frühstücksmuffel zum Essen angeregt werden, etwa mit Sets und Geschirr in den appetitanregenden Farben Rot und Orange. Im Winter zünden wir eine Kerze an, dies schafft eine gemütliche Atmosphäre.

Die genannten Komponenten Vollkorn, Obst und Milch lassen sich in vielen Variationen präsentieren. Hier einige Frühstücksrezepte, mit denen ich Marietta eigentlich immer herumkriege:

Muntermacher-Frühstücke

Guten-Morgen-Quark

Quark mit etwas Milch, Orangensaft und Honig verrühren und frische Obststückchen (zum Beispiel Bananenscheiben, Pfirsichstückchen und Himbeeren, Erdbeeren oder Heidelbeeren) dekorativ darauf verteilen. Wenn noch Zeit ist – und am Wochenende – röste ich Kokosraspeln oder Mandelblättchen kurz in der Pfanne ohne Fett an und verteile sie über dem Obst.

Nutella

80 g Puderzucker
1 TL Bourbon-Vanillezucker
3 TL geschälte, fein gemahlene Mandeln
100 g Schokoladenpulver (ohne Zucker)
120 g weiche Butter

Alle Zutaten mit dem Handmixer oder der Küchenmaschine circa 5 Minuten gut verrühren.
Die Masse in ein sauberes Glas füllen und im Kühlschrank aufbewahren.
Schmeckt wunderbar auf einer Scheibe Walnussbrot, die mit Himbeeren oder Mandarinenscheiben belegt ist. Ergibt ca. 250 g.

Knusper-Nuss-Müsli vor der Prüfung

Vor einer Schulaufgabe gibt's Gehirnnahrung. Die bekommt Marietta in Form eines Knusper-Nuss-Müslis. In eine Handvoll kernige Haferflocken mischen wir circa 1 TL Haselnüsse, Cashew-, Mandel- und Sonnenblumenkerne sowie getrocknete Bananenchips (ohne Zucker) und Rosinen. Dazu gibt es einen Löffel flüssigen Honig, eine Prise Zimt, und das Ganze wird noch mit Milch übergossen.

Avocado-Brot

1 weiche reife Avocado
Salz, Pfeffer
2 Scheiben Vollkornbrot
2 EL Hüttenkäse
1 Scheibe Putenbrust (wer mag)

Avocado vom Stein lösen und das Avocadofleisch herauslöffeln. In eine Schüssel geben und mit einer Gabel zerdrücken, salzen und pfeffern. Eine Scheibe Vollkornbrot mit Avocadomus bestreichen, darauf den Hüttenkäse verteilen. Auf die zweite Brotscheibe ebenfalls Hüttenkäse verteilen und die Scheiben zusammenklappen. Halbieren, getrennt einpacken und in die Box legen. Auf das Avocadomus legen wir manchmal noch eine Scheibe Putenbrust.

Rucola-Schinken-Brot

1 Scheibe Vollkornbrot mit Rucolaschmand bestreichen. Darauf 2 bis 3 Rucolablätter legen und 2 Scheiben Schwarzwälder Schinken. Wer lieber ein Sandwich mag, nimmt eine helle Dinkelsemmel und legt vielleicht noch 2 Scheiben Tomate darauf.

Rucolaschmand

1 Bund Rucola
200 g Schmand
Salz, Pfeffer
1 Spritzer Zitronensaft

Den Rucola waschen, trocken schütteln. Die Stiele entfernen und den Rucola zusammen mit dem Schmand in ein hohes schmales Gefäß geben. Mit dem Pürierstab alles zu einer feinen Masse pürieren.

Im Supermarkt führen Marietta und ich regelmäßig Diskussionen, weil sie natürlich auch die Fertig-Müsli-Mischungen ausprobieren möchte, die mit grellbunten Tüten und allerlei Gimmicks locken. Da die meisten Produkte extrem zuckerhaltig sind, einigen wir uns auf einen Kompromiss: In unsere Mischung aus Haferflocken, Nüssen und Früchten bekommt sie zwei Löffel Schokomüsli aus der momentan angesagten Fertigpackung.

Manchen Kindern ist der Magen morgens zugeschnürt, weil sie schon an eine bevorstehende Prüfung denken. Stress kann also auch ein Grund für die morgendliche Frühstücksverweigerung sein. Machen Sie mal ein Angebot in Form eines Power-Drinks. Ein Shake, zum Beispiel aus Milch oder Buttermilch, Orangensaft, Schmelzflocken und einer Banane, ist in diesem Fall ein optimaler Ersatz für ein festes Frühstück. Achten Sie darauf, dass der Shake zimmerwarm ist, damit der Magen keinen Kälteschock bekommt. Ein warmes Getränk kann ebenfalls eine gute Grundlage sein, etwa Kakao, Früchtetee mit Orangensaft oder warme Milch mit Zimt und Honig.

Unser Frühstückssaft

Saft von 2 gepressten Orangen (200 ml)
5 Himbeeren
5 Brombeeren
3 Erdbeeren
evtl. 1–2 EL Joghurt

Alles in einem Becher gut durchmixen. Sie können auch Joghurt hinzufügen. Dieser Drink kommt zum Einsatz, wenn meine Tochter mal absolut keine Lust auf Frühstück hat.

Tipp: Ich habe immer einige TK-Beeren eingefroren, diese können schon am Vorabend aufgetaut werden.

Lässt sich ein Kind partout nicht zum Frühstück bewegen, bleibt einem nur, dies zu akzeptieren. Es gibt Kinder, die eine gewisse Anlaufzeit brauchen, bevor sie essen können.

Am besten startet man mit einem Lächeln in den Tag, setzt seine Hoffnung auf das zweite Frühstück und packt ein vielseitiges und ansprechendes Pausenbrot ein.

Pausenbrot, der Treibstoff fürs Gehirn

Das Pausenbrot meiner Kindheit bestand, so lange ich mich erinnern kann, aus dunklem Bauernbrot mit Butter und Schinken. Das lag nicht daran, dass meine Mutter fantasielos gewesen wäre. Ich mochte das einfach am liebsten.

Für heutige Schulkinder sieht die Sache anders aus: Sie sind von einer Palette an Snacks umzingelt, die ihnen in der Pause am Kiosk oder auf dem Weg zur und von der Schule ständig zurufen: »Kauf mich, iss mich!« Man muss sich schon etwas einfallen lassen, um mit so coolen Angeboten wie Mohrenkopfsemmeln oder Weißbrot mit Schokoplatten zu konkurrieren.

Das Pausenbrot war auch zwischen mir und Marietta ein häufiger Streitpunkt. Ursprünglich hatte ich ihr Pausenbrote nach meinem Geschmack in den Ranzen geschmuggelt – und postwendend zurückerhalten. Schließlich haben wir uns darauf geeinigt, dass sie mir sagt, worauf sie Lust hat, oder ich meine Vorschläge mit ihr bespreche. So ist es mir gelungen, Marietta von meinen altmodischen, selbst gemachten Broten zu überzeugen – auch wenn der Kampf immer mal wieder aufflackert.

Unsere Varianten sind recht vielseitig geworden im Lauf der Zeit. Vollkorntoast mit Honig, Schinkenbrot, dünn mit Senf und Butter bestrichen, Knäckebrot »nur« mit Salz und Pfeffer, Hefezopf mit Marmelade, gerollter Pfannkuchen, mal pikant, mal süß, Pumpernickel-Käse-Schnitte, Bircher Müsli mit Obst oder Gemüsesticks. Unser Deal ist, dass sie zuerst das Brot und ihren Apfel (oder ein anderes Obst- beziehungsweise Gemüsestück) isst und dann die Süßigkeit, die es manchmal auch noch gibt.

Pfannkuchen mit Blaubeeren

Für 4 Personen:
Für den Teig:
200 g (helles) Dinkelmehl
200 ml Milch
100 ml Mineralwasser
2 Eier
1 TL Vanillezucker
1 Prise Zimt

400 g Blaubeeren

Alle Zutaten für den Teig mithilfe eines Schneebesens mischen. Die Blaubeeren waschen und beiseitestellen. In einer Pfanne Butter erhitzen und mit der

Schöpfkelle den Teig dünn in die Pfanne laufen lassen. Solange der Teig noch flüssig ist, die Beeren darauf verteilen. Von beiden Seiten backen. Vor dem Servieren gegebenenfalls noch mit etwas Puderzucker bestreuen. Geht auch gut mit gefrorenen Heidelbeeren oder frischen Apfelringen. Ergibt acht mittlere Pfannkuchen.

Den endgültigen Durchbruch bei der Verwandlung meiner Tochter von einem Pausenbrotmuffel in eine Pausenbrotesserin habe ich mit einem kleinen Trick erreicht: Wenn sie ihr Brot auspackt, findet sie meist eine Mini-Überraschung, etwas, worüber wir vorher nicht gesprochen haben, zum Beispiel einen Nachtisch in Form von Rosinen und Nüssen oder ein Muffin. Sie liebt es, zwei, drei Gummibärchen von ihrem Obstspieß zu pflücken oder auf dem Müsli ein kleines Schoko- oder Fruchtherz zu finden. Und in die Box lege ich hin und wieder einen Zettel, auf den ich kleine Botschaften geschrieben habe: »Ich hab Dich lieb.« Oder: »Drück Dir die Daumen.« Manchmal schreibe ich sie auch direkt auf das Butterbrotsäckchen. Für Kinder, die noch nicht lesen können, kann man ein Smiley, ein Herzchen oder – je nach zeichnerischem Talent – eine kleine Lokomotive, einen Teddybär oder Ähnliches malen. Und besonders motivierend ist es, wenn man die Brotzeit mit einer Schleife umwickelt, so als handele es sich um ein großes Bonbon oder um ein Geschenk.

Nun werden Sie vielleicht denken: Das macht die doch nie! Für solche Pausenbrotkreationen ist in der Früh gar keine Zeit! Ich gebe Ihnen recht. Auch bei uns bleibt morgens wenig Zeit für Spielereien dieser Art. Aber, wie gesagt, bin ich ein Frühstücksmensch, und für unser gemeinsames Frühstück stehe ich, von einigen Ausrutschern abgesehen, extra früh auf. Ich mache für Marietta erst das Frühstück und dann das Pausenbrot, während wir gemeinsam am Tisch sitzen. Wenn morgens mal keine Zeit fürs Frühstück bleibt, spricht nichts dagegen, das Schulbrot schon am Vorabend vorzubereiten und im Kühlschrank aufzubewahren.

Das Brot kaufe ich beim Bäcker, lasse es in Scheiben schneiden und friere es ein. So habe ich immer frisches Brot zur Hand. Gleiches gilt auch für das (Vollkorn-)Toastbrot. Bircher Müsli und Fruchtjoghurt lassen sich auch am Vorabend prima vorbereiten.

Pausenbrote, die schmecken!

Wie schnell hat man ein Salatblatt gewaschen, ein paar Gurkenscheiben geschnitten und zwischen die Brotscheiben gelegt. Ein langweiliges, in der Mitte halbiertes Butterbrot kann durch eine Dreiecksform zum schicken Sandwich mutieren oder mittels großem Ausstecher interessante Herz-, Stern- oder andere Formen annehmen. Außerdem haben sich bewährt:

- Obst-Spießchen, zum Beispiel abwechselnd ein Stück Apfel, Orange, Weintrauben, zwischendrin ein Gummibärchen

- Gemüsesticks, etwa aus Gurken, Karotten, Paprika
- für kleinere Kinder sind ausgestochene Tierformen attraktiv
- eine Box mit selbst gemischtem Studentenfutter, bestehend aus getrockneten Aprikosen, Nüssen, Mandeln und Rosinen
- Joghurt mit Obst, in ein gereinigtes Joghurtglas gefüllt
- Blätterteighörnchen: Hierzu belege ich gefrorenen Blätterteig mit Schinken und Käse, rolle ihn zum Hörnchen und backe ihn morgens auf
- Bauernbrot, gebuttert und mit Tomatenscheiben und Parmesan belegt (Mariettas Lieblingsbrot)
- Süßer Hefezopf, mit Vanillequark bestrichen und Bananenstückchen belegt
- Vinschgerl mit Speck und kleinen Essiggurken
- Schnitzelsemmel (besonders geeignet, wenn ein Schnitzelrest vom Vortag übrig ist)
- Gerollter Pfannkuchen (Rezept Seite 172) vom Vortag, pikant zum Beispiel mit Schinken und Tomate belegt oder dünn mit Quark und Marmelade bestrichen, in der Mitte durchgeschnitten und in Klarsichtfolie verpackt.

Es lohnt sich, seinem Kind eine Brotzeit in die Schule mitzugeben, auch wenn es Mühe macht. Auch das selbst gemachte Pausenbrot hat mit Tischkultur zu tun, und ich möchte meinem Kind damit zeigen, wie wichtig es mir ist!

Limonaden und andere Softgetränke sind nicht die geeigneten Durstlöscher in der Pause. Bieten Sie Ihren Kindern von klein auf Alternativen an. Einige unserer Lieblingsgetränke habe ich für Sie aufgeschrieben. In der kühlen Jahreszeit nimmt Marietta die Tees in einer kleinen Thermosflasche mit in die Schule.

Was gibt's zu trinken?

- Früchtetee mit Orangensaft (kalt oder warm)
- Hagebutten- oder Früchtetee, Saft von 1 Orange und zusätzlich Apfelsaft, mit gehackten Apfelstückchen
- Fencheltee mit Honig (warm)
- Mineralwasser mit Pfirsichringen oder -stückchen und Blättern von Zitronenmelisse
- Zitronenwasser
- Apfelsaftschorle mit einem kleinen Schuss Holunderblütensirup

Meist bereite ich eine größere Menge zu. Eine Portion für Marietta und eine für mich!

Essen nach dem Pyramiden-Prinzip

Die von der amerikanischen Gesundheitsbehörde herausgegebenen Richtlinien für eine gesunde Ernährung (siehe Seite 159 f.) wurden in einer mit den Ampelfarben versehenen *Stufenpyramide* dargestellt. Diese unterteilt die Nahrungsmittel in drei Kategorien.

Der größte Bereich, in Grün dargestellt, stellt das Fundament der Ernährung dar. Hier können wir also bedenkenlos zugreifen. Neben kalorienfreien Getränken wie Wasser und Tee besteht er aus besonders kohlenhydratreichen Grundnahrungsmitteln: Getreideprodukte wie Nudeln und Brot, Reis, Mais und Kartoffeln. Vollkorn und ungeschälter Reis sind wegen ihres hohen Vitalstoffgehalts Weißmehl beziehungsweise poliertem Reis vorzuziehen. Ebenfalls zum grünen Bereich gehören Obst und Gemüse.

Im mittleren, gelben Bereich der Pyramide findet man Milch, Milchprodukte, Fisch, Fleisch, Geflügel und Hülsenfrüchte. Sie sind lebenswichtige Nahrungsmittel, sollten aber in begrenzter Menge auf den Tisch kommen, nicht zuletzt, weil sie verstecktes Fett enthalten können. Bei manchen Wurstsorten ist das zum Beispiel der Fall.

Die Spitze ist rot gefärbt, und das bedeutet »Achtung«. Fett – Sahne, Butter, Öl – und Zucker sollten nur eingeschränkt verwendet werden. Ganz darauf verzichten sollte man aber auch nicht. Zum einen aus Geschmacksgründen und zum anderen, in dem Fall der wichtigere Grund, braucht der Körper wertvolle Fette, wie sie in pflanzlichen Ölen (Oliven-, Raps- und Sonnenblumenöl) und in Meeresfischen enthalten sind. Produkte aus dem roten Bereich sollten von hoher Qualität sein und in geringen Mengen gegessen werden.

Was kommt auf den Tisch?

Den Stellenwert von frischem Obst im Speiseplan habe ich schon mehrmals erwähnt. Ein kleiner Tipp: Kinder (und nicht nur die) lieben Obstteller. Ein bunter Mix aus Apfelspalten, Orangenfilets, Weintrauben und Melonenscheiben lässt Kinder schneller zugreifen als beispielsweise bei einem ganzen Apfel. So ein Fruchtsnack ist schnell gemacht und eignet sich als Dessert oder auch als kleine Zwischenmahlzeit.

Wasser ist lebenswichtig für unseren Körper. Damit ich das Trinken nicht vergesse, steht in der Küche zur Erinnerung immer eine Karaffe gefüllt mit frischem Wasser. Mit einer Zitronen- oder Orangenscheibe bekommt das Wasser ein feines Aroma.

Ein langer Arbeitstag geht zu Ende, Sie stehen im Stau und gehen in Gedanken die Vorräte durch, mit denen sich ein schnelles Abendessen zaubern lässt. Für Brot, Butter und Käse reicht es gerade noch, und ein Pfannkuchen wäre auch noch möglich. Endlich zu Hause angekommen, erzählt Ihnen das Fräulein Tochter freudestrahlend, worauf sie heute ganz besonders große Lust hatte: Hauptspeise und Dessert natürlich!

So oder so ähnlich spielt es sich gelegentlich in unserer Küche ab. Damit in solchen Situationen auf beiden Seiten keine Enttäuschung aufkommt, haben Marietta und ich uns auf einige »Wochenklassiker« geeinigt, zu denen unter anderem Käsebrot mit Spiegelei, Erbsensuppe, Hähnchenkeulen und ein bunter Salat gehören.

Übrigens habe ich an die ganz schnelle Küche sehr gute Kindheitserinnerungen. Montags war das elterliche Restaurant geschlossen. Meine Eltern spielten an ihrem freien Tag vormittags gern Tennis, und mittags gab es dann Ham and Eggs mit Salat. Diese Gewohnheit stammt aus der Zeit, als sie in Amerika lebten.

Auch wenn in der Woche wenig Zeit bleibt für ein aufwendig zubereitetes Abendessen, ist es durchaus möglich, aus wenigen Grundzutaten ein leckeres Gericht herzustellen. Ganz oben auf der Liste stehen Nudeln, die schmecken Groß und Klein, sind schnell zubereitet und bieten unzählige Variationsmöglichkeiten. Es muss nicht immer Bolognese-Soße auf die Spaghetti. Mit Tomaten, frischen Topfkräutern, Knoblauch, einem guten Olivenöl, Zitronen, Nüssen, Pesto oder Sahne und einem Stück Parmesan ist man für schnelle und zugleich köstliche Gerichte bestens gerüstet. Diese Zutaten haben zudem den Vorteil, dass man sie nicht täglich frisch kaufen muss.

Blattsalat mit Kräutern ist dazu eine ideale Ergänzung. Eine Alternative zum Salat bietet sich in Form von Rohkost an. Karotten, Kohlrabi, Paprika und Radieschen kann man einige Tage im kühlen Gemüsefach aufbewahren. Sie sind blitzschnell gewaschen, geschält und werden als Fingerfood zur Pasta gereicht. Rohkost eignet sich auch als Vorspeise, mit einem Dip aus Kräuterquark (Rezept Seite 212).

Damit das Kochen in der Woche schneller geht, planen Marietta und ich ungefähr, was wir essen wollen. Wir haben daraus ein Spiel gemacht: Samstags, beim Bummeln auf dem Markt, überlegen wir, was wir in der kommenden Woche essen könnten. Hieraus entwickelt sich dann ein Wochenspeiseplan.

Wochenpläne für schnelle Mahlzeiten

	Plan A	Plan B	Plan C
Samstag	Suppenhuhn, Gemüse, Kartoffeln etc. einkaufen	Braten einkaufen (altbackene Semmeln nehmen wir für die Knödel), Kartoffeln, Blumenkohl	Hühnerfilet und Kürbis einkaufen, diesen halbieren
Sonntag	Suppe kochen	Braten und Knödel	Aus einer Kürbishälfte eine Suppe vorkochen, Vorbereitung für den nächsten Tag: Huhn braten
Montag	Hühnereintopf mit Gemüse	Braten kalt mit Butterbrot	Kürbissuppe mit Hühnchenstücken
Dienstag	Restliche Brühe zum Beispiel mit Suppenspargel, TK-Erbsen oder Blumenkohl kochen. Dazu geröstete Brotcroûtons. Vorbereitung für den nächsten Tag: Nudeln kochen	Knödelgröstel mit Salat	Bunte Brote (Quarkaufstrich, Käse, Wurst) und Gurkensalat (eventuell Frühstücksreste vom Sonntag)

Mittwoch	Nudeln in Butter anbraten, mit geriebenem Parmesan und frischen Tomaten	Pfannkuchen mit Frischkäsefüllung (zusätzliche Pfannkuchen für Pausenbrot am nächsten Tag), Vorbereitung für den nächsten Tag: Kartoffeln kochen	Gebackene Kürbisspalten mit Salat
Donnerstag	Pellkartoffeln mit Quark und Salat	Blumenkohl kochen und Kartoffelscheiben mit Blumenkohl und Schinken mischen und mit Käse überbacken	Pizzawaffeln (prima Pausenbrot für den nächsten Tag)
Freitag	Bratkartoffeln mit Spinat	Blumenkohlsuppe und Pumpernickelwürfel	Gemüsesticks und Spiegelei-Brot

Wenn ich schon dabei bin, koche ich die doppelte Menge und friere eine Hälfte ein. So haben wir für zwischendurch immer mal ein Gericht, das morgens nur aus dem Tiefkühlfach genommen werden muss. Auf Vorrat lassen sich sehr gut Eintöpfe, Gulasch, Geschnetzeltes und Bolognese-Soße kochen. Bei Pizza backe ich gern zwei Bleche und friere die vorgeschnittenen Stücke ein.

Salatdressing kann man – ebenso wie Pesto – in größerer Menge vorbereitet in einem Glas im Kühlschrank aufbewahren. In den darauffolgenden Tagen lassen sich damit verschiedene Salate anmachen, zum Beispiel grüner, Feld-, Karotten-, Linsen- oder Spinatsalat.

Karotten-Apfel-Salat

Für 4 Personen:
250 g Karotten (geputzt)
80 g Apfel
3 Softaprikosen (getrocknet)
4 EL Apfelbalsamessig
6 EL Olivenöl
½ TL Senf
1 Prise mildes Currypulver
Salz, Pfeffer

Karotten und Apfel mit der Gemüsereibe oder Küchenmaschine grob raspeln. Softaprikosen fein würfeln. In einer Tasse das Dressing mischen: Apfelbalsamessig, Olivenöl, Senf, Curry. Alle Zutaten in einer Schüssel gut mischen und mit Salz und Pfeffer abschmecken.
Falls zur Hand, passen auch Frühlingszwiebeln dazu.

Unschlagbar im Einsatz als Schnellgericht sind überbackene Brotscheiben (Toasts).

Ich verwende anstatt Toast auch gerne Scheiben von dunklem Brot mit Schinken belegt und mit Käse überbacken. Grenzenlos sind die Möglichkeiten für den Belag: Anstelle oder zusätzlich zum Schinken passen auch Pilze, Tomaten, Mozzarella, Paprika, Mais, Oliven, Sardellen und so weiter.

Für die ganz eilige Küche sind bei uns außerdem Eier in allen Variationen beliebt: Spiegelei auf Brot, Rührei in unterschiedlichen Zubereitungen, Omelette mit Erbsen und Speck. Oder Nudeln, mit Ei in Butter gebraten, dazu Salat.

Während ich dieses Buch geschrieben habe, hat sich folgendes Gericht zu meinem Lieblingsschnellgericht entwickelt:

2 Eier verquirlen, würzen, 2 EL gekochten Schinken und 3 bis 4 geviertelte Kirschtomaten mit den Eiern in einer Pfanne anbraten. Parmesan, Rucola und Rucola-Walnuss-Pesto (Rezept Seite 205) darübergeben. Dazu Pumpernickel.

Auf dem Heimweg nehme ich abends gelegentlich ein Fischfilet mit. Daraus lässt sich ohne großen Aufwand ein feines Abendessen bereiten: Das Filet würfeln, salzen und pfeffern, in etwas Butter und Olivenöl anbraten. Über die fertig gebratenen Stücke ein paar Tropfen Zitrone, etwas Petersilie, dazu frisches Baguette und Salat. Auch selbst gemachter Spinatsalat passt gut (Rezept Seite 210).

Leicht herzustellen sind auch Fischstäbchen (Rezept Seite 98), Fischpäckchen im Reisblatt (Rezept Seite 198) oder eine weitere Variante für den Backofen: Fisch in Alufolie (Rezept Seite 199). Dieses Gericht hat den netten Nebeneffekt, dass Sie sich anschließend das Spülen einer Pfanne ersparen.

Feiner Creme-Spinat

Für 4 Personen:
450 g TK-Spinat
1 kl. Zwiebel
1 Knoblauchzehe
1 TL Öl
Salz, Pfeffer
Muskatnuss
100–150 ml Sahne

Fehlt mir die Zeit, frischen Spinat zuzubereiten, nehme ich unverarbeiteten TK-Blattspinat. Den Spinat morgens zum Auftauen in ein Sieb geben und zum Abtropfen über eine Schale hängen. Abends brate ich eine klein geschnittene Zwiebel und eine gepresste Knoblauchzehe in etwas Öl an. Dazu gebe ich den aufgetauten Spinat, der mit etwas Wasser weich gekocht wird. Mithilfe eines Pürierstabs wird die Spinatmasse fein püriert. Mit Salz, Pfeffer und einer Prise Muskatnuss abschmecken. Zum Schluss die Sahne unterrühren. Fertig!

Pizzawaffeln (Rezept Seite 206) sind ein dankbares Schnellgericht, nicht nur, weil sie schnell hergestellt sind, sondern auch, weil die Kinder sie selbst machen und am nächsten Tag als Pausenbrot zur Schule mitnehmen können.

Ohne großen Aufwand lässt sich auch Spinatsalat (Rezept Seite 210) mit im Muffin-Blech gebackenen Quiches Lorraines (Rezept Seite 211) herstellen oder eine leichte Gemüsesommersuppe kochen (Rezept Seite 209).

»Schnelle Küche« ist übrigens ein relativer Begriff. Für meinen Vater ist dieser Ausdruck ohnehin ein Widerspruch in sich. Auch wenn er für sich und seine Lebensgefährtin nur eine Kleinigkeit kocht, zelebriert er die Zubereitung. Gutes Kochen erfordert eben Zeit – und die nehmen wir sternlosen Alltagsköche uns vor allem am Wochenende.

Die Vorrats-Notfallliste

Nachdem ich mehr als einmal das Erlebnis vom leeren Kühlschrank und der ausgeräuberten Speisekammer hatte, beschloss ich, mir einen Notfallvorrat anzulegen. Mit so einem Grundsortiment an Vorräten kommt man gut über die Woche, ohne Hunger zu leiden.

Mein Tipp: In der alltäglichen Hektik fehlt mir oft die kreative Ader, um über das Abendessen nachzudenken. Aus diesem Grund habe ich mir in einer ruhigen Minute einen Speiseplan-Spickzettel angelegt. Davon hängt eine Kopie am Kühlschrank und eine zweite steckt im Portemonnaie.

Mit folgenden Lebensmitteln kommen Sie einige Tage gut über die Runden, falls der Supermarkt bereits geschlossen hat und Sie nicht an der Tankstelle einkaufen wollen.

Meine Notfall-Liste

TK-Fach	*Kühl- schrank*	*Vorrats- kammer*	*Einge- machtes*
Spinat, pur Erbsen Brot Butter Blätterteig vorgekochte Speisen (Gulasch, Bolognese etc.) Beeren portionierte Hühner- brust Petersilie Heidelbeeren Himbeeren	Eier Parmesan Butter Frischmilch Senf Karotten Natur- joghurt Hütten- käse	H-Milch Nudeln Reis Kartoffeln Dosen- tomaten Gemüse- fond Mehl Vanillezucker Olivenöl Zwiebeln Knoblauch Grieß Trocken- früchte Nüsse – und für die Nerven eine Tafel Schokolade	Marmelade Chutney Kompott aus Äpfeln Pesto

Wissen Sie, wann sich meine Vorratskammer in eine Schatzkammer verwandelt? Wenn mein Vater anruft und sagt: »Ich verreise für zehn Tage. Der Kühlschrank ist voll, komm vorbei und hol dir, was du brauchen kannst.«

Qualität muss nicht teuer sein

Auch wenn ich für qualitativ hochwertige Lebensmittel aus biologisch kontrolliertem Anbau plädiere, kann ich den Einwand, dass diese kostspieliger sind, nicht völlig entkräften.

Das muss aber nicht zwangsläufig so sein. Zwar ist es richtig, dass hochwertiges Fleisch oder frischer Fisch seinen Preis hat, aber immerhin ist es ein realer Preis, einer, der den Lebensmitteln angemessen ist. Biologisch erzeugte Lebensmittel folgen dem Grundprinzip »Leben im Einklang mit der Natur«, dies entspricht dem Gedanken der Nachhaltigkeit. Überdüngung und chemische Schädlingsbekämpfung sind im Biolandbau verboten. Artgerechte Tierhaltung ist vorgeschrieben. Dass solche Verfahren ihren Preis haben, liegt auf der Hand, schließlich wird Klasse statt Masse produziert.

Wenn ich im Supermarkt Fleisch für 0,99 Euro sehe, frage ich mich jedes Mal, wie ein solcher Preis überhaupt möglich ist. Kann dieses Tier jemals gelebt haben, und wenn ja: Wie hat dieses Leben wohl ausgesehen?

Wenn man nicht viel Geld für Fleisch, Wurst etc. ausgeben möchte, lautet meine Devise: Weniger ist mehr! Ganz auf Fleisch zu verzichten ist nicht sinnvoll, da es die beste Eisenquelle in unserer Ernährung darstellt. Darum ist es ratsam, den Fleischkonsum auf zwei- bis dreimal pro Woche einzuschränken.

Sowohl vom Nährwert her als auch von den Kosten ist es sinnvoll, Obst und Gemüse entsprechend der Jahreszeit aus hiesigem Anbau zu essen, anstatt auf die von weither importierten, unreif geernteten Früchte zurückzugreifen. Preisgünstig sind frische Waren übrigens auch am Samstagnachmittag kurz vor Marktschluss zu bekommen, wenn viele Händler ihre Restware zu günstigeren Preisen verkaufen.

Gedanken zu Fertigprodukten

Auf den vorhergehenden Seiten ging es oft um den Einsatz und die Qualität von Fertigprodukten. Viele sehen in ihrem Einsatz einen Vorteil. Ich bin allerdings der Meinung, das Argument des zeitsparenden und preislich günstigen Kochens zieht nicht. Da werden frisch gekaufte Zutaten mit dem Inhalt eines Beutels übergossen, der uns als Helfer für Auflaufsoßen dienen soll. Wo ist da der Vorteil? Wenn man die Gemüsestücke mit Sahne und etwas frischem Käse überbackt, dauert die Vorbereitung nicht länger. Jedoch ist der Geschmack ein anderer. Die einheitlichen Gewürzmischungen bieten wenig Spielraum, um unsere eigene Kreativität einzusetzen.

Zahlreiche Produkte werden in der Aufmachung so gestaltet, dass sie Kinder ansprechen. In ihnen sind oft mehr Zucker und Fett enthalten als in den normalen. Bei ausschließlichem oder überwiegendem Verzehr wird der ursprüngliche Geschmackssinn, den wir in den ersten Lebensjahren aufgebaut haben, angegriffen beziehungsweise zerstört.

Nahrungsmittel aus dem grünen Bereich der Ernährungspyramide sind glücklicherweise preisgünstig im Einkauf. Richten Sie Ihr Augenmerk darauf, so viel wie möglich natürliche, im Ursprung belassene Lebensmittel zu verwenden.

Genieß es und sprich darüber

Dass gelebter Genuss und seine Bedeutung auf verschiedene Weise interpretiert werden können, möchte ich in diesem Absatz zeigen.

Wie groß die Bedeutung des Essens und der Tischkultur in unserer Familie war, sollte mir spätestens zu dem Zeitpunkt klar werden, als ich erfuhr, aufgrund welchen Ereignisses ich meinen Namen erhielt.

> *Meine Eltern lebten damals in Washington DC, und mein Vater war Küchenchef des Jockey Club Restaurants. Eines Nachmittags kurz nach meiner Geburt kam er nach Hause und erzählte meiner Mutter, dass er eine wunderbare vielseitige Speisekarte geschrieben hätte. Es grenzte für ihn fast an Verschwörung, denn die Gäste bestellten mit wenigen Ausnahmen nur ein Gericht: Seezunge à la Véronique. Auf Wunsch meiner Mutter sollte ich Nicole heißen,*

an diesem Nachmittag jedoch wurde entschieden, dass Véronique einfach viel passender wäre! Also falls Sie demnächst Familienzuwachs erwarten und noch auf der Namensuche sind, ist das vielleicht eine hilfreiche Idee …

Eine weitere spannende Art, sich mit kulinarischen Genüssen zu beschäftigen, ist, das Essen nicht nur zu genießen, sondern auch darüber zu sprechen. Was ich damit meine?

Haben Sie schon einmal in Italien oder Frankreich im Restaurant beobachtet, was an den anderen Tischen geschah? Ich bin immer wieder fasziniert, mit welcher Ernsthaftigkeit und Genauigkeit Italiener und Franzosen sich ihrem Essen widmen. Das fängt schon beim Bestellen an. Gast und Kellner besprechen ausführlich das Angebot an Gerichten. Aus welcher Region stammt das Fleisch? Nach welcher Tradition wird es zubereitet? Welche Gänge lassen sich am besten kombinieren? Welcher Wein passt wozu? Während der Mahlzeit wird über Geschmacksrichtungen diskutiert, man tauscht sich über den jeweiligen Genuss aus, und häufig ist man erstaunlich gut über die Wirkung der Speisen auf den menschlichen Organismus informiert: Dass »Foie gras«, die Gänsestopfleber, das »gute Fett« liefert, wissen sogar viele französische Kinder, und Entsprechendes würde man von italienischen Kindern über das gute Olivenöl erfahren.

Mir gefällt daran, dass die Menschen sich mit den Lebensmitteln, die ihnen Genuss bereiten, auch gedanklich auseinandersetzen. Die feine Küche hat eine lange gewachsene Tradition, in die Erfahrungen und Kunst eingegangen sind. Sich mit den vorgesetzten Gerichten zu beschäftigen, ist Ausdruck des Respekts vor diesem Können, den ich mir auch für den Familientisch in unserem Land wünschen würde. Warum nicht beim Linseneintopf erwähnen, dass diese Hülsenfrüchte wertvolle Eiweißenergie liefern, gut fürs Gehirn sind und den Darm ausputzen? Dass Haferflocken extrem wertvoll sind, was man allein schon daran erkennt, dass so große und kräftige Tiere wie Pferde sich davon ernähren. Auch der Hinweis auf die Analogie zwischen dem Aussehen bestimmter Lebensmittel und ihrer Wirkung im Körper ist interessant, etwa dass rote Früchte und Gemüse wie Rote Bete blutbildend wirken oder dass der Walnuss, die ja wie ein Gehirn aussieht, gerade für dieses Organ wohltuende Wirkungen nachgesagt werden. Solche Informationen kann man immer mal beiläufig geben – und später wieder aufgreifen, zum Beispiel beim gemeinsamen Einkauf vor einem Regal, in dem Linsen in unterschiedlichen Größen und Farben stehen. Um die kindliche Neugier zu erhalten, würde ich zu dem Thema aber keine trockenen Lehrstunden veranstalten.

Wünschenswert wäre es natürlich, wenn solche Kenntnisse zusätzlich im Kindergarten und im Schulunterricht vermittelt würden. Die Vielfalt an natürlichen Lebensmitteln kann Kindern durch sinnliche Erlebnisse am besten nahegebracht werden, durch Markt- und Supermarktbesuche, einen Aufenthalt auf dem Bauernhof oder Ausflüge in Bäckereien und zu anderen Orten der Lebensmittelherstellung. Eine schöne Erfahrung ist auch der Besuch eines Freilichtbauernmuseums, wo die Kinder eine Idee davon bekommen, wie das Leben früher war und wie die Menschen sich in der Vor-Supermarkt-Ära mit Essen versorgten.

Auf dem Weg zum Biofreak – weil BSE & Co. uns die Lust vermiesen?

Meldungen in der Presse über Lebensmittelskandale, in denen es zum Beispiel um hohe Schadstoffbelastungen in Obst und Gemüse, genetisch veränderte Nahrungsmittel, von Wurmmaden befallene Fische oder die BSE-Krise geht, können uns als Verbraucher verunsichern. Zwar ist das Gedächtnis kurz, und nach einiger Zeit wird wieder zur Tagesordnung übergegangen. Viele Verbraucher nehmen diese Berichte jedoch zum Anlass, sich kritischer mit den Lebensmitteln auseinanderzusetzen, die auf ihrem Teller landen. Der steigende Trend zu Biokost ist sicherlich eine Folge davon. An dieser Stelle möchte ich nochmals kurz den Gedanken des biologischen Landbaus aufgreifen.

Die landläufige Meinung, biologischer Landbau würde ausschließlich auf dem Weglassen von schnell wasserlöslichem Dünger und Sprühmitteln basieren, ist nur ein Teilaspekt. Dazu gehört ebenso die natürliche Aufbereitung sowie die Erhaltung eines gesunden Bodens.

Denn nur ein gesunder Boden bietet Nahrung für gesunde Pflanzen, und die Ernährung mit solchen ist eine Bedingung für die Gesundheit des Menschen und der Tiere.

Dennoch bin ich der Meinung, man sollte dem Thema »bio« nicht alles unterordnen. Essen hat eben doch ein bisschen mehr Bedeutung als nur das Einverleiben gesunder Lebensmittel. Es soll schmecken, und dazu trägt eine Atmosphäre des Wohlbehagens bei. Und wer kann so genau sagen, was gesünder ist: ein mit frischesten Biozutaten gekochtes Gericht, bei dem die lustlosen Kinder mit dem Hinweis, »wie gesund das Essen ist«, angeregt werden sollen, oder eine Mahlzeit, bei der nicht alles »bio«, aber dafür die Stimmung fröhlich und locker ist.

Ehrlich gesagt, möchte ich gar nicht zwischen diesen zwei Positionen entscheiden, sondern sie miteinander kombinieren.

> *Hippokrates hat dazu eine weise Erkenntnis: »Eure Nahrungsmittel sollen eure Heilmittel sein und eure Heilmittel eure Nahrungsmittel.«*

Bananenbrot

2 reife mittelgroße Bananen
100 g weiche Butter
100 g brauner Zucker
1 Tütchen Vanillezucker
1 Ei
3–4 EL Vanille- oder Naturjoghurt
250 g (Dinkel-)Mehl
1 Päckchen Backpulver
1 TL Zimt
1 Prise Salz
100 g (abgezogene) fein gemahlene Mandeln

Ofen auf 180° C vorheizen. Eine Kastenform (circa 28 cm lang) einfetten.
Butter, Zucker, Ei mit dem Handmixer schaumig rühren. In einer Schüssel die geschälten Bananen mithilfe einer Gabel zerdrücken und mit dem Joghurt in die Butter-Zucker-Mischung einrühren. Das mit Backpulver vermischte Mehl, Zimt und Salz unter die Bananenmischung heben. Zum Schluss die Mandeln unterrühren. Masse in die Form füllen und das Brot auf mittlerer Schiene circa 55 Minuten backen lassen. Das Brot ist wunderbar saftig und schmeckt pur oder auch mit Butter und Marmelade.

Schnelles Geschnetzeltes

Für 4 Personen:

5 Frühlingszwiebeln
2 EL Öl
500 g Hühnchen- oder Putenfilet
300 ml Geflügelfond
100 g Zucchini
50 ml Sahne
½ TL Senf
Thymian, Majoran, Salz und Pfeffer

Frühlingszwiebeln in feine Ringe schneiden und in einem Topf mit Öl glasig anbraten. Geflügel in (kleine) Würfel schneiden. In den Topf geben und anbraten. Mit dem Geflügelfond ablöschen und köcheln lassen. Zucchini ebenfalls in kleine Würfel schneiden und nach 10 Minuten Kochzeit in den Topf dazugeben. Nach 15 Minuten die Sahne unterrühren, kurz aufkochen. Mit Senf, Thymian, Majoran, Salz und Pfeffer abschmecken.
Als Alternative zu den Zucchini nehme ich auch Erbsenschoten oder Erbsen.

Fischpäckchen im Reisblatt

Für 4 Personen:

6 Reisblätter
500 g Kabeljau
Salz, Pfeffer
6 EL Kräuterquark
2 EL Öl
1 EL Butter

Ofen auf 220° C vorheizen. Reisblatt im kalten Wasser einweichen und dann zur Weiterverarbeitung auf ein feuchtes Blatt Küchenkrepp legen. Das Fischfilet in sechs gleich große Stücke schneiden, pfeffern und salzen. Eine Seite dünn mit Kräuterquark bestreichen. Auf das Reisblatt legen und wie ein Päckchen einschlagen. In eine ofenfeste Form mit etwas Öl legen und von beiden Seiten circa 20 Minuten braten.

Fisch in Alufolie

Für 4 Personen:

500 g Fischfilet
2–3 Tomaten (mittelgroß)
1 Aubergine (klein)
1 rote Paprika (mittelgroß)
1 Rosmarinzweig
1 Thymianzweig
2 Knoblauchzehen
Salz, Pfeffer
1 EL Olivenöl

Eine Auflaufform mit einem großen Stück Alufolie auslegen, das Fischfilet in die Mitte der Folie legen. Um den Fisch herum werden gewürfelte Tomaten, Auberginen und Paprika sowie je ein Rosmarin- und Thymianzweig und Knoblauch verteilt. Salzen, pfeffern, Olivenöl darübergeben, die Folie von oben und an den Seiten locker zusammendrücken. Im vorgeheizten Ofen bei 200° C circa 35 Minuten garen.

Milchreis

Für 4 Personen:

900 ml Vollmilch oder fettarme Milch
1–2 Zimtstangen
1 EL Vanillezucker
2–3 EL Zucker
240 g Milchreis
150 ml halbfest geschlagene Sahne

In einem Topf Milch, Zucker, Vanillezucker, Zimt leicht erwärmen, dann den Milchreis zufügen und bei niedriger Hitze garen lassen. Immer wieder umrühren. Der Reis ist fertig, wenn die Milch fast ganz verkocht und der Reis weich ist. Die Konsistenz ist eher cremig-weich. In einer Schale den Milchreis handwarm abkühlen lassen und nun die zwischenzeitlich geschlagene Sahne unterziehen.
Wir schneiden manchmal Orangenfilets hinein. Und gern nimmt Marietta am nächsten Tag einen kleinen Rest mit in die Schule.

Gebackene Grießbreimännchen

Für 2 kleine Esser:

250 ml Milch
40 g Dinkelgrieß
1 Stange Zimt
1 EL Bourbon-Vanillezucker
20 g Butter
1 Stange Zimt

Zimt-Zucker-Mischung:
1–2 EL Zucker
½ TL Zimt
1 Msp Nelkenpulver

Eine kleine Auflaufform mit Alufolie auslegen. Milch mit Zimt und Vanillezucker in einem Topf langsam erhitzen und den Grieß einrühren. Mit Schneebesen rühren und dabei dicklich einkochen. Die Grießmasse in die Auflaufform gießen und den Grieß kalt beziehungsweise fest werden lassen. Den kalten Grießbrei aus der Form auf ein Brett legen und mit Ausstechern oder dem Messer in Rauten schneiden. In einer Pfanne ein Stück Butter langsam schmelzen.

Die Grießstücke von beiden Seiten langsam goldbraun anbraten. Auf einen Teller legen und mit etwas Zimt-Zucker-Mischung bestreuen. Dazu passt geriebener Apfel mit Rosinen oder ein Dip aus Joghurt und Früchten.

Oma Mitzis Kohlrabigemüse

Für 4 Personen:

4 Kohlrabi mittelgroß
40 g Butter
Salz, Pfeffer
50–100 ml Geflügelbrühe
Prise Muskatnuss
1–2 EL Petersilie, gehackt
4 EL Sahne, falls gewünscht

Die Blätter des Kohlrabi entfernen, schälen, halbieren und vierteln. In kleine Stifte oder Würfel schneiden. In einem Topf mittlerer Größe die Butter schmelzen lassen, Kohlrabistücke zufügen und andünsten lassen. Salzen, pfeffern, die Geflügelbrühe zugeben und circa 10 bis 15 Minuten dünsten lassen. Zum Schluss mit Muskatnuss und frisch gehackter Petersilie abschmecken.
Ich hab's als Kind so am liebsten gemocht, manchmal gab meine Oma noch einen Schuss Sahne dazu.

Ofenkartoffeln einmal anders

Für 4 Personen:

Öl, Knoblauch zum Ausreiben der Form
500 g Kartoffeln (geschält)
Salz, Pfeffer
1 Rosmarinzweig
1 Thymianzweig
2-3 EL Olivenöl

Ofen auf 200° C vorheizen. Ofenfeste Form mit Öl und Knoblauch ausreiben. Mit einer Gemüsereibe Kartoffeln in feine Blätter schneiden (geht auch mit dem Sparschäler). Dann dünn und fächerförmig in die Form legen. Gut pfeffern und salzen, falls zur Hand, Rosmarin und Thymian obenauflegen. Zum Schluss Olivenöl über den Kartoffeln verteilen. Im Ofen circa 25 bis 35 Minuten backen. Wir mögen es gern, wenn die Kartoffeln knusprig sind.

Rucola-Walnuss-Pesto

1 Bund Rucola
40 g Walnüsse (gehackt)
20 g Pinienkerne
1 kl. Stück Knoblauch (daumennagelgroß)
100 ml Olivenöl
100 g Parmesan (gerieben)

Rucola waschen, Walnüsse und Pinienkerne in einer Pfanne ohne Fett anrösten. Alle Zutaten in ein hohes Gefäß geben und mit dem Pürierstab pürieren. Abfüllen in ein Glas und im Kühlschrank aufbewahren. Schmeckt auch zu Tomaten und Mozzarella oder in Verbindung mit Essig als Salatdressing.

Pizzawaffeln

Für 4 bis 5 Stück:

40 g (weiche) Butter
130 g Dinkelmehl
70 ml Milch
40 g Schinkenwürfel
2 EL Parmesan
1 Tomate
3 Basilikumblätter
1 Prise Oregano
Salz, Pfeffer

Waffeleisen mit Öl einreiben und vorheizen. In einer Schüssel weiche Butter, Dinkelmehl, Milch gut durchmischen. Dann Schinkenwürfel, Parmesan, geschnittene Tomate, fein geschnittene Basilikumblätter, Oregano unterrühren. Mit Salz, Pfeffer abschmecken. In die Mitte des heißen Eisens 2 bis 3 gut gehäufte EL Teig platzieren und backen lassen. Die fertigen Waffeln abgedeckt mit Alufolie warm halten. Dazu passt Salat. Übrig gebliebene Waffeln sind ein gutes Pausenbrot für den nächsten Tag.

Karottenaufstrich

350 g Karotten
20 g Frühlingszwiebeln
20 g Mandelblätter
1 EL Öl
1 Prise Cayennepfeffer
Salz
½-1 TL mildes Currypulver
½-1 EL Zitronensaft

300 g Karotten geputzt abwiegen und in kleine Würfel schneiden. Karottenwürfel in einem Topf mit wenig Wasser bedecken und weich kochen. Das Wasser abgießen und die Karotten in ein hohes schmales Gefäß geben.
Frühlingszwiebeln fein schneiden und zu den Karotten geben. Mandelblätter in einer beschichteten Pfanne hellbraun rösten, zusammen mit Öl ebenfalls zu den Karotten geben und mit dem Pürierstab pürieren. Mit Cayennepfeffer, Salz, nach Belieben mildem Currypulver und etwas Zitronensaft abschmecken.

Schnelles Gemüse-Curry (mit Tofu)

Für 4 Personen:

150 g Tofu
1 EL Sesamöl
1 EL Sojasoße
100 g Karotten
70 g Champignons
30 g Lauchzwiebeln
80 g rote und gelbe Paprika
40 g Staudensellerie
30 g Zucchini
½ TL Ingwer
Knoblauch, wenn man mag
1½ TL Curry mild
1 MSP Cayennepfeffer
etwas Koriander und Thaibasilikum
200 ml Gemüsebrühe
100 ml Sahne

Tofu in Würfel schneiden, in Sesamöl anbraten, mit Sojasoße ablöschen, beiseitestellen. Gemüse putzen und klein würfeln. Zutaten anbraten, mit Gewürzmischung bestreuen und rösten. Gemüsebrühe und Sahne hinzufügen und so lange köcheln lassen, dass das Gemüse noch bissfest ist. Tofu untermischen.

Leichte Gemüsesommersuppe

Für 4 Personen:

500 g Kartoffeln (festkochend),
in ½ cm große Würfel geschnitten
200 g Karotten (ebenfalls in Würfeln)
100 g Sellerie (in Würfeln)
80 g Frühlingszwiebeln (in Ringen)
80 g Gemüsezwiebeln (in Würfeln)
50 g Butter
800 ml Geflügelfond
30 g Kassler- bzw. Schinkenwürfel
Thymianzweig (frisch)
Majoran, Muskat
Salz, Pfeffer
Petersilie

Das Gemüse mit der Butter im großen Topf anbraten, mit dem Geflügelfond ablöschen. Kassler und Thymian zufügen und auf kleiner Flamme garen. Wenn die Gemüsesuppe fertig, also das Gemüse gar ist, Thymianzweig entfernen. Mit Muskat, Majoran, Salz, Pfeffer und frisch gehackter Petersilie abschmecken.

Spinatsalat

Für 4 Personen:

100 g frische Spinatblätter
½ TL grobkörniger Senf
3–4 EL Balsamico-Essig
6–7 EL Olivenöl
Salz, Pfeffer

Spinatblätter waschen und trocken schütteln. In eine Schale legen. Senf mit Balsamico-Essig und Olivenöl verrühren.
Wir wandeln das Rezept manchmal ab und nehmen etwas Fetakäse und Rosinen dazu. Zum Schluss salzen und pfeffern.

Quiche-Muffins

Für 4 Stück:

Öl zum Ausreiben der Form
4 Blätterteigstücke (aufgetaut)
1 kl. Zwiebel (ca. 10 g)
30 g Schinken
3 Eier
1 EL geriebener Parmesan oder Gouda
3–4 EL Milch
1 TL Petersilie
Muskatnuss, Pfeffer, Salz

Ofen vorheizen auf 200° C, Muffinform mit Öl ausreiben, Blätterteigstücke in die Muffinform geben, andrücken und überstehende Ränder abschneiden. Zwiebel fein schneiden, Schinken würfeln und beides in einer Pfanne andünsten. In einer Schale Eier, Parmesan, Milch, Petersilie sowie Zwiebel und Schinken mischen. Mit Muskatnuss, Pfeffer, Salz würzen. Auf den Teig setzen und circa 15 bis 20 Minuten backen.
Variationsmöglichkeiten mit Frühlingszwiebeln, Pilzen und Tomaten. Muffins schmecken auch noch kalt!

Kräuterquark

250 g Quark
1½ EL Schnittlauchröllchen
2–3 mittelgroße Basilikumblätter (fein geschnitten)
1 TL Petersilie
1 Prise Majoran (trocken)
1 Prise Muskatnuss (gerieben)
Salz, Pfeffer
1 EL Naturjoghurt

Quark verrühren mit Schnittlauchröllchen, Basilikumblättern, Petersilie, Majoran, Muskatnuss, Salz, Pfeffer. Damit der Kräuterquark etwas geschmeidiger wird, Naturjoghurt unterrühren. Alternativ kann man eine fein geschnittene Frühlingszwiebel zugeben.

Blitz-Desserts

Variante 1:
120 g Joghurt
1 kleine Banane
1 Stück Bitterschokolade

Die Bitterschokolade grob hacken, in eine Schüssel mit Joghurt geben. Banane schälen, in dünne Scheiben schneiden und mit den restlichen Zutaten verrühren.
Schmeckt auch gut mit anderen Früchten, wie zum Beispiel Mango oder Himbeeren.

Variante 2:
1 Becher griechischer Joghurt
1 EL flüssiger Honig
1 EL Mandelblättchen
1 TL Rosinen

Joghurt, Rosinen, Mandelblättchen miteinander verrühren. Zum Schluss den Löffel Honig über das Dessert fließen lassen.
Wir rösten die Mandelblättchen manchmal kurz in einer Pfanne an, bevor sie untergemischt werden.

Bratapfel

Für 4 Stück:

4 Äpfel (Boskop oder anderer säuerlicher Apfel)
Butter zum Ausreiben der Form
1 EL Rosinen
100 g Amarettikekse
4 Softaprikosen
1 EL Mandelblättchen
1 Prise Zimt
1 Prise Nelken

Eine Auflaufform mit Butter ausreiben. Die Äpfel waschen und mit einem Apfelausstecher das Kerngehäuse entfernen. In die vorbereitete Form setzen. In einer Schüssel Rosinen, zerbröselte Amarettikekse, klein geschnittene Softaprikosen, Mandelblättchen, Zimt und Nelken vermengen. Die Füllung in die ausgehöhlten Äpfel füllen.
Bei 200° C im Ofen circa 20 Minuten backen.

Tiroler Gröstl

Für 4 Personen:

800 g Kartoffeln
300 g Fleischwurst
120 g Zwiebeln
40 g Butter
2 EL Öl
Majoran
Salz, Pfeffer
nach Belieben dazu je ein Spiegelei

Gekochte (bereits geschälte) Kartoffeln in Scheiben schneiden, Fleischwurst und Zwiebeln würfeln. Butter und Öl in einer Pfanne zerlassen und die Kartoffelscheiben langsam knusprig anbraten lassen. In einer zweiten, kleineren Pfanne (in die wir zusätzlich 2 EL Öl geben) werden die Zwiebel- und die Fleischwurstwürfel angebraten. Wenn die Kartoffeln fertig sind, unter die Fleischwurst mischen. Abschmecken mit Salz, Pfeffer und Majoran.
Das ist unsere Art von Tiroler Gröstl, auf das noch ein Spiegelei kommt.

Dank

Ich danke allen, die mich auf dem Weg zur Umsetzung dieses Buches unterstützt und bestärkt haben.

Besonders herzlich bedanken möchte ich mich für den wertvollen Rat und die kritische Betrachtungsweise von Herrn Prof. Dr. Claus Hipp und Frau Dr. Helene Steinhausen-Kibler.

Ebenso tausend Dank an meine liebe Freundin Anja Kottmann, die in unermüdlicher Geduld die verschiedenen Varianten des Manuskripts gelesen hat.

Und an Thomas Montasser, Max Witzigmann, Claudia Tebel-Nagy und Gabi Miketta.

Ohne euch wär's gar nicht so weit gekommen!

PS: Liebes Püppchen, in der Zeit, in der ich an diesem Buch geschrieben habe, haben wir unsere Tischkultur oft sträflich vernachlässigt. Zu oft gab es nur Rührei.

Das ändert sich ab heute wieder. Versprochen!

Deine Mum

Alle Rezepte auf einen Blick

Literatur

E. Barlösius: Soziologie des Essens. Eine sozial- und kulturwissenschaftliche Einführung in die Ernährungsforschung, Deutsche Gesellschaft für Ernährung (Hg.), Juventa Verlag

PD. Dr. med. T. Ellrott: Wie Kinder essen lernen. Zur Entwicklung des kindlichen Essverhaltens, UMG (Hg.), Springer Gesundheits- und Pharmazieverlag

I.-U. Leonhäuser/U. Meier-Gräwe/A. Möser/U. Zander/J. Köhler: Essalltag in Familien, VS Verlag

I. Münzing-Ruef: Kursbuch gesunde Ernährung, Zabert Sandmann Verlag

Prof. Dr. K. Schlegel-Matthies: Nahrungskultur Essen und Trinken im Wandel, Heft 4/2002, LpB (Hg.)

R. Tannahill: Kulturgeschichte des Essens, dtv

Dr. P. Thorbrietz: Kursbuch gesunde Kinderernährung, Zabert Sandmann Verlag

A. Wilkens/C. Westphal: Knigge für Kids, arsEdition

Weiterführende Informationen

Bundesanstalt für Landwirtschaft und Ernährung (BLE)
Referat 512
Geschäftsstelle Bundesprogramm Ökologischer Landbau
53168 Bonn

Deutsche Gesellschaft für Ernährung e. V.
Godesberger Allee 18
53175 Bonn

Fördergesellschaft Kinderernährung e. V., Dortmund
Heinstück 11
44225 Dortmund

Stiftung Kindergesundheit
c/o Ashurst
Prinzregentenstraße 18
80538 München